末野栄二の剣道秘訣

推薦のことば

児嶋　克（剣道・居合道範士）

末野栄二先生が月刊『剣道時代』に連載された「末野栄二の剣道秘訣」がこの度、単行本として纏めて刊行されるはこびになったことは、剣道を学ばんとする老若男女数多くの人たちにとって誠に意義深いことであり、剣道発展に寄与すること、実に大いなるものがあると思います。

先生は剣道を最も愛された父上の薫陶により十歳から現在まで、五十二年の長きに亘って修錬を積み、現在も更に向上を目指して精進努力を重ねておられるところであります。

先生は鹿児島県警察の主席術科師範として活躍され、すばらしい実績をあげておられます。私共朝稽古会のメンバーも随分ご指導をいただき、隊の道場を使用させていただきました。先生とも度々稽古をお願いしましたが、いつも厳しい稽古を強いられていました。大試合に強さを発揮され、全日本剣道選手権大会一回優勝、全剣連設立五十周年記念八段選抜大会に優勝など実に輝かしい実績をあげられました。それらの体験と経験を余す所なく発表され、今回の刊行になりましたが、非常に理解しやすく、高度な心の働きと技術をご指導いただいており、特に後進の人達はもちろんですが、試合や高段の審査を受けられる方々にも身近に納得の行くことが沢山披露されております。これもひとえに先生が長年に亘る身をもって修錬された剣道の本質にほかなりません。

最近の剣道は有効打突が乱れていて試合自身、当てっこ剣道になっており、ただ当てればいい、勝てばいいとなっておりますが、有効打突がよくなれば剣道の内容はすばらしくよくなると思います。そいういう点に、具体的にどうしたらよくなるのかについて末野先生の剣道秘訣を学び、座右において研究実践していただければ更に上達が見られ、剣道全般がすばらしくよくなると思います。先生の刊行本をよく熟読して、実際に応用し、活用することが剣道全体のレベルを上げるのに最も有効になると思います。

この名著も先生が年若くして崇高な精神の発露として剣の道に志を立てられ、深遠な剣理と卓越した技術の習得に全精力を傾注された刻苦精励の成果だと思っております。

私の師の教えの中にあるとおり剣道の上達は素直な心で骨身を惜しまず、精一杯やることだと言っておられ、そのためにほとんど稽古は掛かり打ち込み稽古に終始しており、息をあげる稽古が最も貴いと教えていただきました。この事も先生の秘訣の中によく理解できる説明がなされております。

何の道もそうですが、航海の安全と目的達成のためには志をしっかり立て、無心に一生懸命実践を怠らないことだと言われております。

これからの時代、剣道を背負って立つべき若い人達こそ、この名著の実践に心膽技術を錬ってこそ剣道も著しく向上し、「末野栄二の剣道秘訣」も光りを放ち、発刊の甲斐があるものと思います。たえまざる努力と経験を切にお祈りし、推薦のことばと致します。

末野栄二の剣道秘訣　目次

推薦のことば　児嶋　克

はじめに――13

面打ち　小さく振り上げても円運動になっていること――15

中心を打つ　自分の剣先が、相手の面の縦金にそって打っているか　16

大小の面打ち　小技も上腕を使い、手の内の作用で打つこと　18

踏み切り足　湧泉で蹴るようにすると引きつけも早くなる　20

小手打ち　左足の引きつけで打突に冴えをつくる――23

機会　面を打たれると感じたとき、小手の機会が生まれる　24

手首　左親指を相手の胸に入れ込むようにすると打ちが冴える　25

踏み込み足　踏み込む距離を心持ち大きくして勢いをつける　27

打突部位　相手の右手首を狙って打つと正中線から外れない　28

実戦の小手　相手の状況に応じて二種類の打ちを使い分ける　30

胴打ち　左肘を若干引き、打突力を強めること――32

胴打ちの要諦　中心線にそって振り上げると刃筋が通った打ちになる　33

手と足の連動　右足を右斜め前に踏み出しながら打つと動作が円滑になる　35

機会　打ち気の強い相手、出ばな面を狙っている相手に有効　37

突き
恐怖心を与える突き技。仕かけ技の習得にも有効　39
両手突き基本三種　前突き・表突き・裏突き。三つの突きを身につける　40
片手突き　右手で右腰を叩く要領で安定感をつくる　43
腰で突く　三角形の構えを維持すると腰が入る　44
上段への突き　左手を引いて防御する相手には片手突きが有効　46

崩して打つ
打たれる、突かれる。恐怖感のある構えをつくる　48
崩さない　剣先の怖さを乗り越え、崩さずに打つことが地力の涵養になる　49
中心を取る　打たれるときは自分の剣先が相手の中心線から外れている　51
中心を取らせる　中心を取れたと錯覚させて構えの崩れた瞬間を打つ　52
技への展開　崩しは千差万別。どのような崩しにも対応できること　54

仕かけて打つ
一足一刀の間に入る直前が重要。仕かけなしに相手は動かせない　55
表裏・下を攻めて面　打突できる気構えと身構えが必要。形だけの攻めは隙になる　56
中心を攻めて面　剣先は正中線。相手にできるだけ近い位置で竹刀を振り上げる　57
面を攻めて小手　跳び込み面の間合を保持し、面を警戒させることが大切　59
出ばな面　手の内を柔らかくし、下腹に力を入れ、肩の力みを取る　61

二段技・三段技
一本技の積み重ねが二段技・三段技につながる　63
小手—面　実の一本の連続。見せかけの小手では相手の構えは崩れない　64
面—面　初太刀に全精力を込めて打つ。二度打ちは一本にならない　65
発声と左足　発声は後の技を大きく・強く・短く。左足は素早く引きつける　67

稽古法　小手面胴面胴面の連続打ちで二段技、三段技を習得する　69

返し技

打ち出す機会を見極め、相手と呼吸を合わせる　71

待って打たない　厳しい仕かけ技を会得し、相手を引き出すこと　72
面返し胴　厳しい攻めと緩い攻め。面を誘い出すことが先決　72
小手返し面　左拳の運用が重要、右足で距離を調整して冴えをつくる　74
小手返し小手　剣先の開き加減に注意。右足を左足に引きつけて打つ　76
返し技稽古法　全習法と分習法を組み合わせて体得する　77

すり上げ技

手首の柔軟性と強さが必要。手の内に力を入れすぎない　79

面すり上げ面（表）　すり上げを点で行なうと小さな動作で大きな効果が得られる　80
面すり上げ面（裏）　相手を充分引きつけ、引き面の要領で後方にさばくと効果的　81
小手すり上げ面（表）　鍔元・物打部分。二種類のすり上げ面を身につける　82
小手すり上げ面（裏）　相手が見えるまで振りかぶり、体当たりをする感覚で決める　84
上段に対するすり上げ技　すり上げ技と返し技を使い分けると相手に隙が生じやすい　85

応じ技への応じ技

応じ技を封じて有効打突につなげる　87

押さえ小手→相小手面　小手を相打ちにしてからすかさず面を打ち込む　88
面抜き胴→小手　胴を狙った相手の浮いた手元に小手を打つ　89
小手すり上げ面→胴　裏鎬を遣おうとした手元の上がりに胴を打つ　90
技の組み立て　我を捨てることが大切。相手に従いながら変化する　92

体さばきと攻め　相手の剣先を殺して、自分の剣先を殺さないこと　128
指の操作　右手の緊張と解緊は左足の引きつけと関連がある　129

体さばき
上虚下実の構えをつくり、体さばきを自由自在にする　131
構え　正しい足構えができると構えに風格と勢いが生まれる　132
打てる体勢　前掛かりは精神的作用。脚を実、上体を虚にして打つ　133
攻撃的体さばき　中心に向かい少しずつ間詰め。一足一刀の間合に入る直前が重要　135
左右の体さばき　足幅の広さに注意。右足小指から左足踵の広さは肩幅を意識する　136

間合
構えを崩さないことが打ち間の確保につながる　139
近くて遠い間合　敵陣に入り、相手は届かない、自分は届くイメージをつくる　140
間合に入る　腰始動で移動すると正中線が取りやすくなる　142
間合に入らせる　三つのさばきで受けた太刀を打つ太刀に変化させる　143
手足の操作　竹刀が交差しはじめたら足と手は大きく動かさない　146

機会
間の取り方が重要。虚を打つ稽古で感覚を磨く　148
機会とはなにか　いまでは遅い。機会は「い」と「ま」の間にある　149
三つの隙　構え・心・打突。とくに四つの打突の隙を理解すること　150
出ばな・居つき・間合に入る　打たれることを嫌がらない。三つの打突機会を覚える　152

決めをつくる
手の内の緊張と弛緩。左足の素早い引きつけが重要　155
有効打突　審判員の旗が動き出すのは、打突直後からの決めの段階である　156

竹刀操作　手の内の作用は押す力と引く力の調和で成立する　158
左足の引きつけ　左足の引きつけが早いと打突が有効になりやすい　159
発声　メとンの間の発声をできるだけ短くすると技が締まる　161
決める技術十力条　仕かけ技、応じ技。技に応じて決め方は異なる　162

昇段審査

仕事との調整を図り、精一杯・最大限の努力をする　164
審査とは　理にかなった刀法、平常心、不動心を求める心法をめざす　165
事前準備　上位者の剣先を乗り越える精神力を稽古で養うこと　166
審査当日　余裕をもって行動すること。一人対二人の立礼にも慣れておくこと　167
稽古　乗って攻め、一技一技を打ち切る稽古が大切　169

立合に臨む

審査員の第一印象は凛とした発声できまる　170
気勢　審査は同格。相手より充実した気勢が絶対にほしい　171
基本打突　正中線を意識。切り終わりを大切にする　172
気位　有効打突の条件を求めることが気位につながる　175
錬り　上掛かりの稽古で剣先の恐怖心を取り除くこと　176
体のキレ　重要なのは発声・下腹の締め・左足・手の内　177
間合と機会　実戦では一足一刀の間合では届かないことが多い　178

素振り

左手でもなく右手でもない。左右のバランスをとること　180
振り上げ　中段の構えを維持したまま竹刀の重さを感じながら振り上げる　181
振り下ろし　手の内は絞りきらない。物打に力を入れるために肘を伸ばす　184

足の運び　踵の高さに注意。移動時は足の裏を見せないようにする　186
足と腕との連動　足と腕の連携がよくなると応じ技も円滑に遣えるようになる　187

切り返し
太刀筋を意識。速く・強く・軽快をめざす　190
方法　肩関節を意識すると効果の高い切り返しになる　191
本数と回数　気を抜かず全力でできる本数を知っておく　193
左拳と正中線　顔幅から左拳を外さないこと　196
切り返しの受け方　左右面に近いところで受けると掛り手の肘が伸び、物打に力が入る　197

打ち込み稽古
正しい姿勢と遠い間合で打突力と技のキレをつける　199
効果的な方法　体当りで斜めの動作を加えると身体が切れる　200
元立ちの心構え　打突後、まっすぐ下がると正面を打たせることができる　202
間合　前のめりにならない体勢で打てる間合を覚える　204
呼吸　どの時点でどのように吸うかが問題　205

稽古の心得
剣道の上達は螺旋状。習って工夫し、錬磨すること　208
稽古の回数を増やす　たった十五分でも稽古をすれば得るものがある　210
稽古は工夫をする　打たれたとき、欠点を教えてもらったと感謝できるか　211
常に教わる気持ち　教わったら即実行。実行しなければ教わったことにならない　212
なぜ稽古というのか　新しいことを見つけるのが稽古ではない　213

はじめに
なぜこの稽古をするのか意味を考える習慣をつけること

昨日より今日、今日より明日進化するには疑問を持つこと

剣道は老若男女が楽しむことができる武道です。剣道をする目的は、チャンピオンシップをめざす、武道の本質をきわめる、余暇の善用などさまざまですが、どんなレベルの人でも上達をしたいという気持ちがあるはずです。わたし自身も、もっと上達したいと思っています。

「とにかく汗を流し、ビールを飲めればいいんだ」という人もいるかもしれませんが、せっかく続けている剣道です。そういった人もうまくならなくてよい、とは思っていないはずです。

剣道は経験値を上げることで、体力を技術でカバーできることができます。スピードや体力でかなわない若い人を高齢者が手玉にとれるのは、技術があるからです。この技術を身につけるには稽古をするしかないのですが、稽古は質と量の掛け算です。たとえ週一回しかできなくても工夫次第で必ず強くなることができます。

わたしは二十歳の頃からスポーツ栄養や心理学などの本を読むようになりました。厳しい稽古に耐えられる身体をつくるには、栄養を充分にしないといけません。それには食事は避けて通れない問題でした。

当時、剣道界で食事の問題はあまり興味の対象になっていませんでした。しかし、他人と同じことばかりしていても日本一にはなれません。自分のためになるものはなんでも吸収しようという気持ちでいました。

何事も柔軟な発想を持つことが大事だと思います。たとえば一時間の稽古ですでに半分過ぎてしまっています。これから足を運んでもできて十分程度。稽古をお願いしたとしても一人がやっとでしょう。このとき「もう十分しかないから」と言って休むのか、「まだ十分ある」ととらえ足を運ぶのか。わずか十分しかできな

かったとしても、怠らず十分の稽古を五回すれば合計五十分の稽古です。反対に休んでしまえばゼロです。小さな差が大きな差になることは一目瞭然です。

剣道の稽古は、わかりやすくいえば、どういうふうにすれば上手に打つことができるのかを工夫・研究するものです。もちろん相手を打つことばかりが剣道ではありませんが、剣道は隙を求めて打ち合うものですから、打つことを真剣に考えることは大事です。

稽古・審査・試合・技術
重点項目を体験的理論で紹介

今回、紹介することは月刊『剣道時代』に連載された「末野栄二の剣道秘訣」に加筆・修正をしたものです。本書は、わたしの剣道生活から得た体験論です。十歳から剣道をはじめ、今年で五十二年になりました。五十二年の剣道体験をもとに、一般の剣道愛好家の方が限られた稽古量のなかで最高の効果を上げるためのヒントを剣道の重点項目ごとに紹介していきたいと思います。とくに、これから全国審査（六段）をめざす人びとを対象にしました。六段審査は、自己流ではなかなか合格できないレベルだからです。

技の打ち方や稽古方法を明記した教科書はたくさん出ていますが、それを「どうやるのか」、その稽古の狙いは「なんなのか」などをわかりやすく説明しようと考えています。

「末野はこう言っているけど、こうしたほうがいいのでは……」という疑問が起きるかもしれません。強くなるための方法論ですので、違いがあって当然です。本書をもとにさらに剣道への興味がわき、工夫・研究へと心が向かう手立てとなればと考えています。

稽古の心得として三項目を挙げます。

一、稽古回数を増やすようにしましょう
二、稽古は工夫をするようにしましょう
三、常に教わる気持ちを欠かさないようにしましょう。

もっとも大切なのは「教わる気持ち」です。剣道は伝承と継承です。指導を受け、それを継承するのが芸事です。指導者にめぐまれていない人もいるかもしれませんが、「我以外皆師」という言葉ありますように、教わる気持ちがあれば、血肉になります。

末野栄二

末野栄二の剣道秘訣

面打ち
小さく振り上げても円運動になっていること

面は、剣道の技でもっとも基本的な技であるとともに、奥深い技でもあります。四つの打突部位のなかでもっとも遠い位置にあります。それゆえ、剣道は「面にはじまり、面に終わる」と言われているのかもしれません。面が打てるようになれば他の部位も自然と打てるようになるのはそのためでしょう。

わたしが面を打つ際、注意していることの一つが、額から上の部分をしっかりととらえるということです。

その位置が面であり、面布団は面ではなく、「頭《あたま》」です。面布団は、面を打った竹刀のしなりで結果としてとらえるものであり、最初からそこを狙うものではありません。面打ちは竹刀を上げて下ろすというだけの単純な動作です。だからこそ、肩や肘の使い方を間違えると、合理的に打つことができません。問題は、打ち込み稽古ではなく、それが試合や審査などの本番で打てるかどうかです。基本稽古は、本番で打てるためにするものですので、常に本番を想定した緊張感のある稽古をしたいものです。

中心を打つ

自分の剣先が、相手の面の縦金にそって打っているか

できているようで、できていないのが剣道の技術だと常々思って、反省の連続です。「中心を取れば打てる」と思って打ちにいったら、逆に中心を取られていたというのは、良くある場面です。しかしながら、やはり「中心を打つ」ということは、剣道の醍醐味であります。

構えたときの剣先の延長線は、わたしの場合、相手の左眼につけるようにしていますが、正面打ちの場合、そのままで竹刀を振り上げると、剣先が相手の正中線から外れてしまいます。したがって打つ前に剣先を正中線につけるか、振り上げる際の早い時点で、剣先を正中線にもっていくようにしなければなりません。

相手の左眼につけたままで竹刀を持ち上げると、左鎬が相手に見えることになり、打ちはじめの動作がわかってしまいます。また、剣先の延長線が両眼の中央についている人も、振り上げるときに右手が強いと、やはり剣先が右に外れてしまいます。

わたしも研究中ですが、打つときには剣先が正中線にあり、相手にできるだけ近い位置で竹刀の刃部が相手に見えるように、竹刀を振り上げることが効率的です。したがって、昔から言われているように、咽喉部を突くような感じで剣先を動かし、腰で打つことが肝要です。

中心を取るひとつの要領として、自分の剣先が、相手の面の縦金にそって正面打ちにいっているのか、基本打ちのときに確認してはいかがでしょうか。

仕かけ技の場合に、竹刀を振り回しながらの打ちは、刃筋が正しくないということで、有効打突として認められないことが多くあります。左拳を正中線から外し防御しながらの姿勢から、竹刀を振り回して面を打っても一本と判定されません。

剣道では竹刀を刀の観念としてとらえ、切るということを前提として竹刀操作することになりますので、刃筋が正しくない竹刀操作は、ただの棒振りと言われても仕方がないかもしれません。

八段なってから、「中心を打つ」ことにより、相手から打たれることが少なくなりました。すなわち、中心を打つということは、相手からみると中心を打つことができないという反作用になり、攻撃は最大の防御にもつながっていきます。攻めから打突する際に、溜めて相手の動きを抑制することができると、より効果的です。

打突する場合、相手の剣先を外す必要がありますが、このとき

の体勢は、基本のときに元立ちが空けてくれる体勢にするようにすることが原則必要だと思います。正面打ちの場合は、剣先はやや右に、小手打ちの場合は、剣先はやや左上に開かせるよう、気勢と剣先の攻めで作り出すことが必要です。突きは、剣先を下に、胴は手元を上にという要領です。そのときの動作とともに、相手の心を「ハッ」とさせることができれば最高です。

面を防御するから小手に隙ができ、小手を防御するから面に隙ができるという理合がありますが、最近は、打つべき好機である

相手の面の縦金にそって打つ

面を打つときは、咽喉部を突くような気持ちで剣先を動かし、腰で打つことが肝要。基本打ちのとき、自分の剣先が、相手の面の縦金にそって打っているかを確認するとよい

「相手が受け止めたところ」を誤解しているのか、小手を防御したところをさらに横から打とうとして、刃筋が正しく遣われない竹刀操作をよく見かけます。指導者も心したいところです。

全国警察選手権で優勝させていただいたのが二十五歳でしたが、スピードにまかせた試合でしたので反省し、その後構えはもちろん、三年かけてとくに面打ちの修正を行ないました。最初は当たらず、相手からは打たれることばかりでしたが、徐々に理想とするイメージに近づいていき、三十歳のときの全日本選手権優勝につながりました。目先の勝利より、三年後の勝利をめざすことのほうが、より大切なことを実感しました。

「中心を打つ」には、やはり気攻めと剣先の攻めが欠かせません。そのためには、旺盛な気力は勿論ですが、いつでも打突が出来る体勢（構え）ができていないと、攻めが生きてきません。

左拳・右拳・剣先が相手の正中線をとらえたときの正面打ちは、相手も自分も納得しますし、なにより見る人の心にも感動を与えることでしょう。理想とする一本を生涯一回でよいから打ちたいものと、念じながら稽古に励んでいます。

大小の面打ち

小技も上腕を使い、手の内の作用で打つこと

大技・小技ともに、腕の動作は肩関節を支点・手首を力点として、また、竹刀操作は原則として柄頭が支点として操作しなければなりません。

竹刀の動きは相手から見た場合は直線（正中線）上にあり、横からは円運動に見えなければなりません。小技は、上腕が使われていないように見られがちですが、上腕が使われないと、打つときに竹刀が立ってしまいますので、簡単に防御されたり、ときには動作の隙を打突されたりします。前述したとおり腕の動作は肩関節を支点に、上腕を小さな角度で使うことになります。竹刀操作についても、小技の面打ちは横から見ると、剣先が直線に動いているように見られがちですが、小さく振り上げても、円運動にならないと刀法としては成り立ちません。「刺し面」では、面は切れません。

この原則を基に打ちを考えるとよいと思います。

試合・試合で鍛えられてくると、相手から打たれないようにと考え、どうしても竹刀の振りが小さくなってきます。わたしが七

段に挑戦する頃は、各種大会にも出場していましたので、振りが小さくても試合では一本になっていた「面打ち」が、審査では評価してもらわれないこともありました。試合の一本と審査の一本の基準は若干違います。

小さく面を打つ

小さく打つ場合も、肩関節を支点に、上腕を小さな角度で使う。小技の面は横から見ると、直線的に動いているように見えるが、小さく振り上げても円運動になること

大きく面を打つ

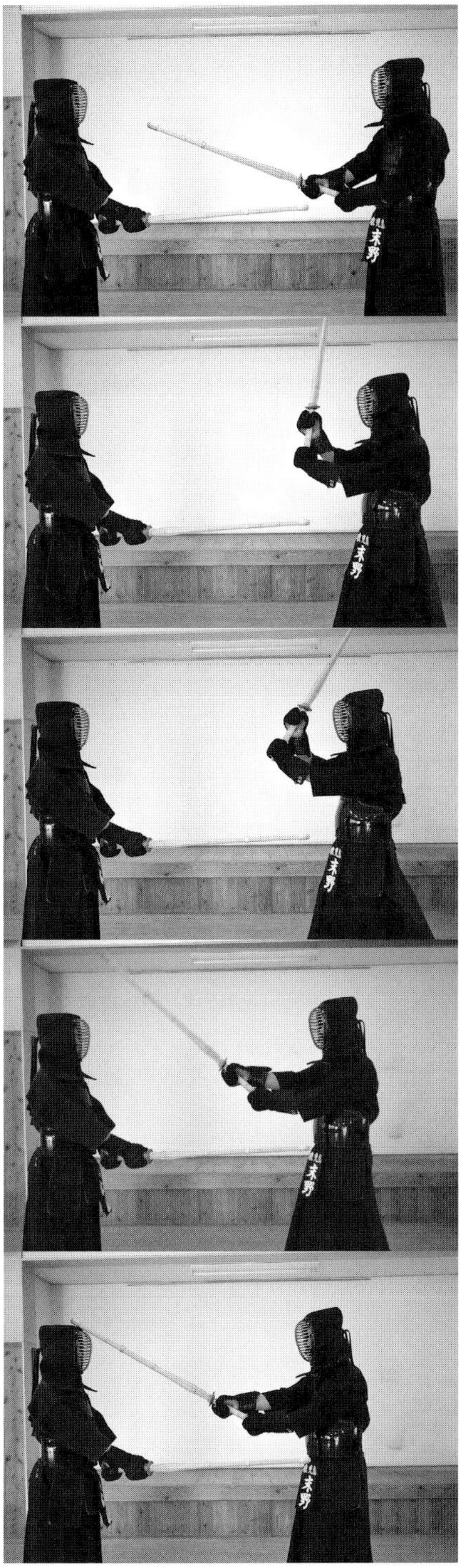

腕の動作は肩関節を支点・手首を力点として、また竹刀操作は原則として柄頭を支点として動かす。振り上げは手元から動かすことがないよう、剣先から動かして打つ

振りが小さいと言われた場合に陥りやすいのが、拳を大きく上げてしまうことです。上げること自体は悪いとは思いませんが、竹刀が円軌道を通っているかが問題です。高段者の剣道や高い水準の大会では、手の内の作用で竹刀操作をすることが強く求められますが、竹刀の物打と打突部位がどの位離れているかという、物打と部位との距離を意識することが大切かと思います。振りが小さいような面打ちでも、気勢で相手を圧した身体全体での面打ちは、意外と物打は大きく振り上げられているものです。

振り上げが小さすぎて、逆に身体の勢いが殺がれてしまうこともありますので、審査でも一本と評価してもらえるよう、基本および打ち込み稽古で体得する必要があると思います。

踏み切り足

湧泉で蹴るようにすると引きつけも早くなる

右足前の中段で構えた場合の跳び込み面を例にしますと、左足の蹴り足を「踏み切り足」、跳び込んでいく右足を「踏み込み足」と呼んでいます。

「踏み切り足」は、ふくらはぎから下の筋肉がもっとも使われますが、腹筋・背筋等も使いながら身体全体で行ないます。

剣道の怪我は、アキレス腱および下腿三頭筋（ヒラメ筋・内腓腹筋・外腓腹筋）を痛めることがありますが、痛めるということは、それだけその筋肉を使っているということです。痛める原因としては、踵の上がりすぎや無理な体勢からの打突が考えられます。

左足がいわゆる「カギ足」になっていては、筋肉の使い方が効率的でなく、蹴り出す力が弱くなり、効率的な「踏み切り」ができません。足先は前方に向けるのが基本です。体の重心は、左足と右足の中間あたりが最適ですが、わたしは四割を右足に、六割を左足にかける感じで構えています。左踵の高さは、二センチから三センチくらいでよく、上げすぎると出るときに即出られなくなります。踵の高さを低くすると、広い足幅も矯正されます。膝は、曲げすぎず、弛めすぎないようします。膝後ろの膕《ひかがみ》を伸ばすよう言われますが、曲げすぎては重心の位置が悪くなりますし、出るときの踵の上げすぎと同じで、時間がかかります。しかしながら、伸ばし過ぎては、蹴り出しができませんので、ほどほどがよいでしょう。足裏は、土踏まずのすぐ前の一般的に湧泉といわれている蹠部で踏み切ることが大切です。湧泉に力を入れて前に蹴り出します。最後は、足指が床から離れますが、指で蹴り出そうとすると飛距離が伸びません。蹴り出しの力が強いと、引きつけも早くなります。跳びはねる足・ずり足は、嫌う足ですので注意を要します。

「踏み込み足」は、すり足でとの教えもありますが、床からの離れが高すぎたり、逆に低すぎたりすると短時間に遠くへは体を移動できません。足幅との関連性もありますので、前に出やすい自分に合った踏み込みを研究することが大切です。足構えで「カギ足」「撞木足」にならないようにと言われますが、右足に対してT字になるような左足の構えは見られませんので、足を高く上げて床を踏みつける足運びを「撞木足」（撞木とは、鐘などを打ち鳴らす棒のこと）と言うのではないかと思います。上げた足が直角に床を踏むのではなく、前方に斜めの角度で踏み込み、足裏全体が一緒につくようにします。足で床を踏むのではなく、わたしは腹筋力を利用し、肚力で踏むと思っています。そのためには発声も重要です。足の踏みつけが床と直角になると、踵を痛める原因にもなります。

足幅が狭すぎると、重心がいったん上方にいったあとに前方にいきますので、効率的ではありません。両足の歩幅等も研究する必要があります。

最近踏み込んだあと、左足が送り足にならず、歩み足になる傾向が多く見られます。引きつける左足の位置がどこになるのかで、打突の冴えおよび強さが変わってきます。つまり、有効打突につながるか否かの重要性が左足の引きつけにはふくまれています。右足が床に着いたときは、右膝が曲がって

踏み切り足と踏み込み足

左足の蹴り足を踏み切り足、跳び込んでいく右足を踏み込み足と呼ぶ。踏み切り足は、ふくらはぎから下の筋肉がもっとも使われるが、腹筋・背筋等も使いながら身体全体で行なう。踏み込み足は、足裏全体が一緒につくようにし、肚力で踏むようにすると引きつけがよくなる

短時間で遠くへ移動させる

右足が高く上がりすぎると、前に出られず、戻ってしまう

踏み切り足は、床からの離れが高すぎたり、低すぎたりしても短時間に遠くに移動できない。足幅との関連性があるので、自分の出やすい踏み込み足を研究することが大切

いますので、できるだけ早く膝を伸ばして前方に体を移動できるようにすると、左足の引きつけが早くなります。最初は、一人稽古からはじめ、相手がいる場合には間合を近くし、体が真上に上がるように右膝を早く伸ばすことからはじめると、要領がわかってくると思います。

打突後の左足の引きつけは、右腕の力の抜き具合との関連性がありますので、打突後は右腕の力を早く抜くことが必要です。

右足の着地は、切り終わったときですので、竹刀の当たった音と、右足の着地音は若干のズレがあります。すなわち、物打が面に当たった後に、右足が着地することになります。

踏み込んだ足の音と打突の音とを一致させようとすると、逆に剣体不一致で打ちが浅く、打ち切っていない動作になりますので注意を要します。

竹刀を持つ手は、刃筋を正しくして竹刀を振りやすいように持つのと同じように、足の構えは、短い時間に体勢を崩さず遠くに出るようにする必要があります。

一眼二足と言われるように、相手を見る眼の次に足は大切ですので、階段の二段上がり、大股歩きや電車内で立つなど、心掛け次第でできる日常のわずかかな時間を利用したトレーニングを心掛けましょう。「塵も積れば山となる」の諺のとおり、平素のちょっとした心掛けが剣道の技に活かされることと思います。

末野栄二の剣道秘訣

小手打ち
左足の引きつけで打突に冴えをつくる

小手は、面・小手・胴・突きの打突部位のなかでもっとも近い距離にあります。それゆえ狙いやすいと錯覚しがちです。近い分、一本を先取されたときや、守りに入ったときに安易に出してしまうことがありますが、そのようなときに技を出しても姿勢が崩れやすく、有効打突になる確率はきわめて低いと思います。小手はもっとも近い距離にありますが、原則、竹刀を表から裏に動かす作業が必要であり、これが難しいものです。

近い距離にあるからこそ気持ちを充実させ、相手の体を突き抜けるような気持ちで打つことが求められます。小手打ちの要領に「相手の右足を踏む気持ちで打つ」「相手の右肩に自分の右肩をぶつけるような気持ちで打つ」などがありますが、いずれも気持ちを充実させ、捨てきることを説いています。捨てきった一本には攻めがあります。攻めがあるということは、相手が動いたということです。間合、手首の使い方、足の踏み方などは面打ちとは微妙に異なります。手の内と足で打つ技術を身につけましょう。

機会

面を打たれると感じたとき、小手の機会が生まれる

最近の小手打ちは、相手が小手を防御したところを、さらに横から打とうとして、刃筋が乱れる場面を散見します。これは、ひとつには面を攻めるのではなく、面を打つように見せて小手を打とうとして、間合が近くなっていることがあります。また、打突の機会の中に「受け止めたところ」がありますが、これは面を受けると小手があき、小手を受ければ面があくという理合です。しかし、小手を受けたところを当てようとして、さらに横から打とうとしているのではないかと、解釈の間違いもしばしば眼にします。

基本打突の際や「木刀による剣道基本技稽古法」の基本一のときに、元立ちが隙を与えて打たせるやり方を参考にすれば良いと思います。私は、相手を攻め崩して、相手の心を動かすことにより、この防御をさせたところを打突するのを、ひとつの基準と考えてきました。

これは、間合だけでなく打突の機会とも関連性がありますが、まずは自分の打ち間を見つけることが大切です。

攻防の際の間合については、跳び込み面がひとつの基準になると思います。届く間合のみ考えると、面と突きはほぼ同じですが、小手はそれより遠くてもよく、胴は近くしなければ届きません。「木刀による剣道基本技稽古法」の基本一・一本打ちの技をやると、打突部位によって間合が変化するのがわかると思います。小手打ちの次に胴打ちですが、小手や面の間合になると胴には届かないため、やや近い一足一刀の間合になり胴を打ちます。

しかし、実戦で相手と対して打突しようとしたときに、間合がその都度違っていては、相手からは打突しようとする部位が読まれてしまうということになりますので、跳び込み面が届く一足一刀の間合が基準となり、通常立ち合うことになります。

攻防中は、原則的には表鎬で竹刀が交差することになりますが、右小手は裏にあります。間合が深すぎると、裏に変わるのに竹刀の振り上げが高くなってしまい、時間的距離的に長くなる場合も出てきます。

面を打つぞという気攻めが感じられるとき、相手は竹刀を表から押さえたり、あるいは面を防御する姿勢になろうとします。そこに小手への隙が見出せることになります。

手首
左親指を相手の胸に入れ込むようにすると打ちが冴える

打突部位によって手首の使い方は微妙に変化します。竹刀の物打がどこになるかで、肘や手首の伸ばし方が変化するのです。面技は、手首が「切り手」になりますが、これは竹刀の打突部が面に当たる、剣先から約二十センチの部分に力が入るようにするためです。突き技は剣先に力が入るように、手首が「延び手」になります。「切り手」では突く剣先に威力がなく、突いた後に相手を押すような感じになってしまいます。

小手技の際の手首の伸ばし方は、面技と突き技のほぼ中間になります。その理由は、左記のとおりです。

小手を打つときは、小手筒から先革が一個出る程度にします。

打突の機会

相手が小手を防御したところを打つのではなく、相手の心を動かすことで防御しようとしたところを打つことを心がけること

それより深いと、打って左足を引きつけるときに、剣先が相手の体に引っかかってしまいます。また、先革が小手筒に乗っている状態ですと、短いと判断されて有効と認められないことが多くあります。

小手打ちの場合は、構え方や、動きによって小手筒の位置は若干変化しますが、剣先から約十センチの位置が物打になってくると思います。

古書には、小手を打つときは「胴を突くような感じで打て」と書かれていますが、これは下方向に打つな、手首を「延び手にして打て」という教えだと思います。小手を打つときに、物打が面技よりは先端、突き技よりは手前になりますので、手首の伸ばし方は、面技と突き技のほぼ中間になるという訳です。したがって、左拳は構えたときの位置よりも打ったときのほうが高くなっていなければなりません。打った後に、左手を伸ばしたり、上げたり、下げたりすると、部位を捉えていても有効打突として認められないことがあります。左手は、手首を軸として力を緩めることが大切です。また、右手の力の緩め方は、左手より早くしなければ、剣先が相手の体に引っ掛かってしまいます。かといって、打った後に右手を引くと、ほとんど有効打突と認められませんので注意が必要です。

私の基本の小手打ちは、打ったあと左手首を支点とし、左親指を相手の胸中心に向けるよう入れ込みます。右手首は「延び手」から、直ちに「切り手」になるようにすると同時に、剣先が相手の面中央の上になるよう右肘を緩めます。そうすることにより、「冴え」のある打ちになります。

打ちが功を奏しなかった場合には、打った瞬間に

手首

胴を突く気持ちで打つ。打ったあと、左手首を視点とし、左親指を相手の胸中心に向けるように入れ込む。右手首は「延び手」から、ただちに「切り手」になるようにすると同時に、剣先が相手の面中央の上になるよう右肘を緩める。

手の内を締めずに、相手の小手部や竹刀（鍔）を押さえるような感じにします。また、前記のように手の内を緩めた場合は、そこから面の二段打ちに変化することもあります。

小手打ちは、切り終わりの部分が面と比較すると浅いので、打突の「冴え」は有効打突の要素から考えると重要な部分を占めます。

踏み込み足

踏み込む距離を心持ち大きくして勢いをつける

足の踏み出し方は、当然間合との関係もあります。前記したように、肘を伸ばして打った場合に、小手の部位を竹刀の物打で捉えられるよう踏み込むことが必要です。

踏み込みが大きすぎると、当然深く当たるか、あるいは肘を伸ばさないで打つしかありません。面打ちのときよりも、踏み込む距離を少し小さくする必要があります。小さすぎると、腰が引けた体勢となります。どちらにしても、当然有効打突にはつながらないでしょう。

小手・面の連続技にいった際に、小手が当たることがよくあります。面が不成功の場合、小手で止まっていたらよかったと、悔やんだ経験はだれしもあると思います。なぜ当たるのかを考えると、右足の踏み出す方向に原因があるのではないかと思います。

連続技の場合、小手を打ったあとに面技を出さなければいけないことから、踏み出す足が当然真っ直ぐ正面を向きます。小手の一本打ちの場合はどうでしょう。足の向きが、相手の右側の方を向いていないでしょうか。そうなると、自分の正中線も相手の右側を向いてしまいます。左拳が打突時は正中線という原則を考えると、自分の竹刀が相手の竹刀と交差すればするほど、当たらないのも当然な結果といえるでしょう。踏み出す足を正面に向けることにより、小手を捉える確率はかなり高くなると思います。

小手打ちは、面より踏み込む距離が短くてもよいですが、ややもすると小手先だけの打ちになることがあります。私は、踏み込みを心持ち大きくして、その踏み込んだ分の距離を右肘のゆとりでカバーします。そうすることにより、踏み込みの勢いが出てきます。

踏み込み足を、竹刀の幅だけ右小手側に踏み出す人もいます。竹刀の幅だけだと相手からはほとんど中心と変わらないように見えます。横へはわずかの変化ですので、右足を踏み込んだときに、左足と交差しないようにしなければなりません。
もうひとつ大切なことは、左足の引き付けです。打突の冴えや強さは、手の内と密接な関係がありますが、左足の引き付けも大きく影響すると思っています。跳び込み面よりは小さく踏み込みますので、左足の引きつける距離も当然短くなってきます。ところが、時間的に面打ちと同様の引きつけになっている人が多くみられます。例えば面打ちの左足の引きつけが一とするなら、小手打ちの左足の引きつけは、それより短く〇・七くらいでなければ冴えは出てきません。また、左足を早く引きつけることにより、体勢もよくなります。

踏み込み足

踏み込みを心持ち大きくし、その踏み込んだ分の距離を左肘のゆとりでカバーして踏み込みに勢いをつける。さらに左足の引きつけを鋭くして打ちに冴えをつくる

打突部位

相手の右手首を狙って打つと正中線から外れない

打突部位

鹿児島の剣道は、郷士の出で昭和の武蔵と呼ばれた、故中倉清範士の影響が多く残っているように感じています。その教えが、児嶋克範士・有満政明範士・石田榮助範士と脈々と流れており、私の剣道にも大きな影響を与えています。

その教えの中のひとつが、小手打ちです。基本の小手打ちは、正中線であり「相手の右手首を狙って打て」と教えられ、今もその気持ちで実行しています

若い頃には特に、小手面の連続技の小手打ちは、相手の竹刀を二つに割るような気持ちで打てと指導されたものでした。

素振りのときに、小手を打つ場合には、面との違いは高さだけです。すなわち、面打ち同様に真っ直ぐ振り上げ、真っ直ぐ振り下ろす動作（正中線の往復）で、下ろしたときに小手の高さになるだけのことです。この基本的なことを踏み込み足でもやるようにとの指導を受けました。

よく小手筒の中間を打てと言われますが、競技性から考えると、広い的を狙うほうが有効かもしれません。しかしながら、剣先が中心から外れるということは、相手からは、左右の鎬が見えるということになり、間合を測られたり、打ち出しの瞬間が捉えられてしまうということもあります。基本で打たせる要領を見るとわかりますが、左拳を支点として、剣先を左上にして打たせます。そのときの小手の位置は正中線にきていますので、正中線を打つ感じのほうが、小手部を捉えやすいことになります。そのため打った後は、前記のとおり剣先が中心にあるという訳です。これを基準として、小手打ちの応用に移ると、相手の動きや間合等によって変化する小手筒に対応がしやすくなります。

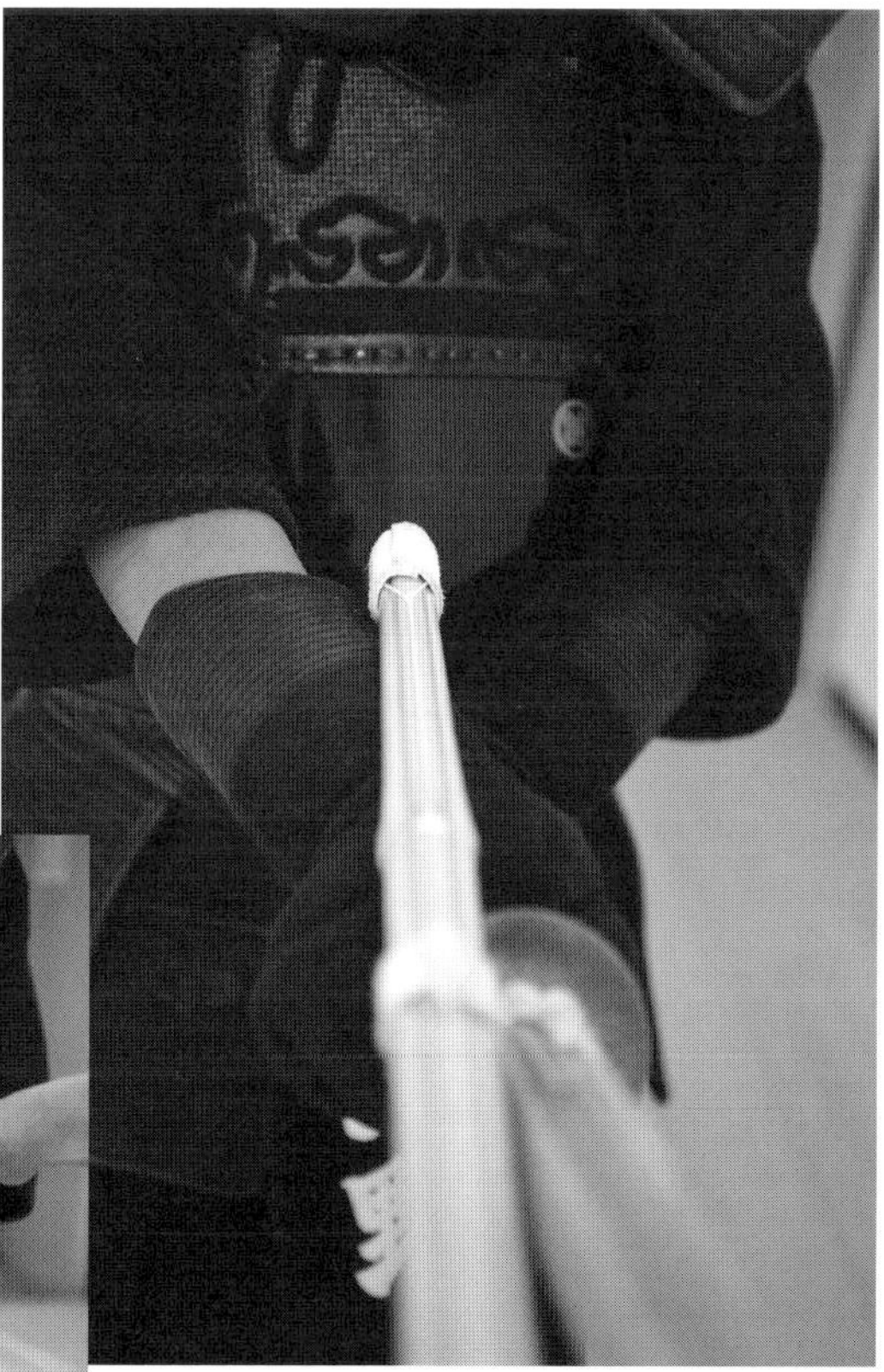

相手の右手首を狙って打つ。
正中線を外さないこと

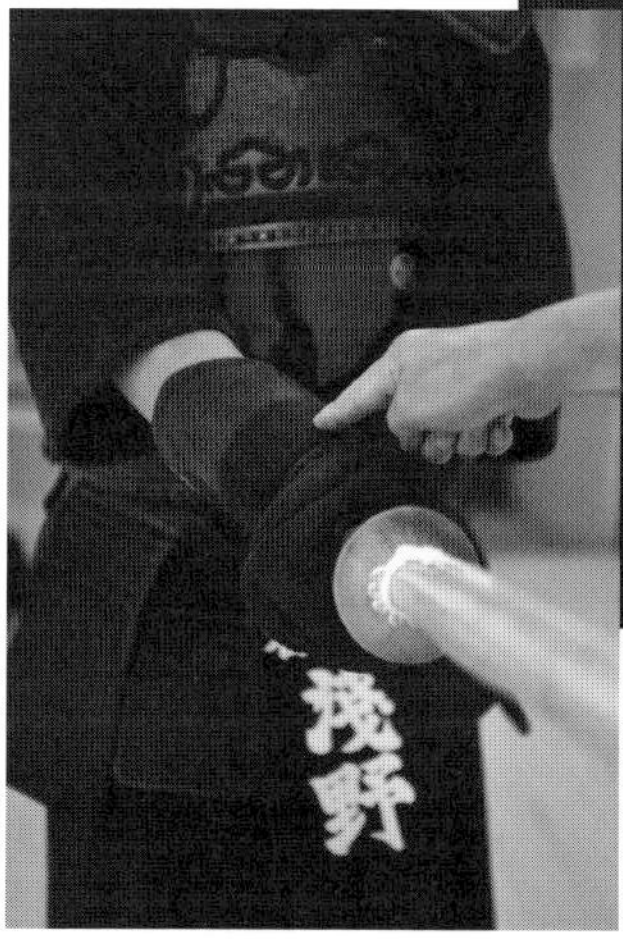

実戦の小手

相手の状況に応じて二種類の打ちを使い分ける

相手の構えは千差万別であり、動きに応じて都度変化しますので、剣先の位置も高さも変わってきます。

自分の眼で相手の剣先を見て、弦が見える場合は、剣先が低めであり、刃部が見える場合は剣先がやや高いということが、一般的な判断基準となります。

相手の剣先が高い場合は、下からの小手打ちとなります。また、剣先が低い場合でも攻められたときに剣先が高くなるような相手の場合も、当然下から小手を打つほうが効率的です。

足の踏み方は前記しましたが、実戦では相手の動きに常に対応できなければなりませんので、踏み出す角度が幾分深くなる場合もあります。防御をいつも同じ形や位置で行なっていると、試合巧者の人は、防御したときの位置を狙って打つ場合もあります。

ある先生から若い頃、「君たちは、面を見せて小手を打つからダメなんだ。面と攻めて空いたら小手を打つのだ」と言われましたが、当時は意味がわかりませんでした。修錬を重ねるにつれて、攻めているから相手に気が感じられるのだと、わかるようになってきまし

実戦の小手

相手の状況によって上から打つ場合と下から打つ場合がある。どちらも打てるように稽古することが大切

た。

昇段審査でも、見せて打った場合と攻めて打った場合は、その内容が審査員にも伝わりますので、評価は違ってきます。見せて打つ技はごまかし技であるという訳です。

打つ場合の目線は、小手を見るなという人もいますが、私は当たる瞬間だけ見て確認し、直ぐに相手と目線を合わせます。小手を打った後も見続けると、腰が曲がったままになったり、左足の引きつけが遅くなったりします。

『五輪書』の水の巻に「たけくらべという事」の中に「…敵へ入り込む時…敵の顔と顔をならべ、身のたけを比べるに、比べ勝つと思うほど、たけ高くなって…」と腰を含めて全身を伸ばして相手と背比べをしなさいと教えていますが、成る程と思います。

剣先を開き気味にしている人は、裏に変わられると小手の隙が大きくなります。その際には、相手の竹刀と自分の竹刀を平行にすると、打ちやすくなります。

審査時に出ばな小手を狙う人がいますが、出ばなはここと思ったときには、打っていることが必要ですので、眼で見ては遅れます。心の眼で観ることが大切ですので、日常生活の中でも正しい心を養う必要があります。

その他、仕掛け技としては、かつぎ小手もありますが、刃筋には十分注意する必要があります。

末野栄二の剣道秘訣

胴打ち
左肘を若干引き、打突力を強めること

胴は、打つ部位が広いものの、間合から考えると一番遠いところにあります。仕かけ技では、間合を詰めないと届きませんし、打とうとする際に自分の頭部をさらけ出す必要があることから、相手から面を打たれる可能性が大きくなります。また、相手の手元を上げさせて打たないと有効打突にはなりませんので、打つ前に大きな仕事をしなければなりません。

若手の試合では、跳び込み胴を見ることもありますが、高段者の試合や審査では、手元を上げる人は少ないため、跳び込み胴を見ることは、ほとんどありません。

打突部位としての胴は、右胴および左胴ですが、逆胴といわれる左胴は、特に刃筋に注意しないと有効打突になりませんので注意する必要があります。古書には「武士は大刀を構えても、左腰に小刀を帯びているので、左胴は切れないから有効とならない」と記述されているのもありますが、試合規則上は、右胴および左胴ともに同じ見方（条件）をします。ここでの記述は、右胴ということでご理解をいただきたいと思います。

胴打ちの要諦

中心線にそって振り上げると刃筋が通った打ちになる

面・小手・突きを打突する場合は、左拳が正中線となることは、おわかりのことと思います。ところが胴打ちでは、左拳の位置が若干変化します。相手との間合や技等により、右拳が中心にくる場合もあり、左拳と右拳の間になる場合もあります。

警視庁剣道第一基本では、次のようになっています。

「前腕をわずかに交差し、右拳は体の中心に、左拳は下げておおむね臍の高さとし、両肱を伸ばし両拳を握りしめ、元の胴を矢筈に打つ」

面・小手打ちでは、打つ際の引き手が左の手の内だけで行なわれますが、胴打ちの場合は左の肘を若干引いて打力を強めます。ただし、左肘を引きすぎると物打に力が入らずに、剣先のほうに力が入ってしまいます。胴と竹刀の交わりの深さは、おおむね先革が一個後ろに出る程度の打ちがよいようです。

初心の頃に、斜めに打ち下ろせと習いましたが、刃部が右斜め下を向きながら斜めに打つと、打ったあと胴部で滑って竹刀が流れてしまいます。そこで、当たる瞬間に手の内を充分に返し、胴

左拳の位置に注意

面・小手・突きを打突する場合は、左拳を正中線に置くが、胴打ちの場合、左拳の位置が若干変化する。相手との間合や技等により、右拳が中心にくる場合もあり、左拳と右拳の間になる場合もある

を直角に打つようにしたら流れなくなりました。このような打ちができるためには、正しい竹刀の握り方および手の内の力の抜き具合が、正しくなければなりません。

その後、高野佐三郎著『剣道』を読む機会がありましたが、右胴打ちの説明に、「刀の動揺せざるよう心掛け刃は右方を向く」との記述を見つけ合点がいきました。

胴打ちは、とくに刃筋に注意が必要です。早く打とうとして、振り上げるときに左肩の方に剣先を持っていきがちですが、わずかでもよいので、中心への振り上げを心がけたいものです。

胴と竹刀を直角に打つ

斜めに打ち下ろすと胴部で滑り、竹刀が流れやすくなる。左肘を若干引き、胴を直角に打つような気持ちで打つと物打ちに力が入る

間合を間違えると打突は有効にならない

打ったあとは、剣道形七本目と同じようにすれ違いますが、物打が胴と接触した部分をできるだけ変えないようにしながら体を進めます。相手の左側に抜ける場合は、打った反動で竹刀が胴から離れると、有効打突になりません。逆に、相手の右側に抜ける場合や引き技の場合は、打った直後右手の力が緩み、竹刀が胴部から離れないと、有効打突になる確率は低くなります。

一般的には相手の左側に体さばきをしますから、竹刀が胴から早く抜けることは大切です。そのときは、あくまで足腰で体さばきをすることが大切であり、手で抜こうとすると打ちが弱まって見えることがあります。相手と身体がすれ違う時に、竹刀と胴の間に緩みがないように、体の間隔をしっかりと保持することが大事です。

足さばきは、わずかかに開き足になりますが、その度合いは相手との間合で変化します。すれ違いながら、竹刀が相手の胴から抜けたら相手の方に向きを変えて、気構え・身構えを示します。

構え→打突→決め→残心まで渋滞なくいって、打突の一連の動作が終了することになります。胴打ちは、上体が前傾してしまう傾向にありますので、頭持ちをしっかり保つことも大切です。

手と足の連動

右足を右斜め前に踏み出しながら打つと動作が円滑になる

相手が打ってくる竹刀を応じるとき、以前は肘を若干伸ばしながら応じていました。今は、素振りの振り上げる軌道を意識しながら行なっています。肘を伸ばしながらの応じは、相手の竹刀を防御するにはよいですが、打つまでの間に時間がかかってしまいます。素振りの振り上げの感覚で肘を使うと、応じてから打つまでの時間が相当短縮されます。

また、構え・応じ・打ちまで重要な動きをするのは左拳です。構え左拳が大きく動けば、それだけ時間がかかってしまいます。構えたところから、応じたときの左拳、そして打ったときの左拳が短い動作をすると、応じ返し技だけではなく、すり上げ技などにも効果があります。

跳び込み面も構えから打つ間までに、左拳が円運動をしながら、効率のよい動きができるかが鍵です。左拳の研究をすることにより、剣道が変わってくると思います。

手と足の連動も重要です。よく見かけるのが、応じたときには足を動かさず、右足を踏みこんだときに、胴を打つやり方です。これは、間違いではありませんが、左足の引きつけが遅くなり、自分の左腰が相手の身体と接触して、体勢を崩されることが多々あります。

そこで研究したのが、現在の打ち方です。剣道の有効打突は、さまざまな条件や要素が必要ですが、最終的には「切れたか否か」であります。また、素振りが剣道技術の基礎でありますので、素振りが技に活かされているのも大切だろうと思います。技術的に整合性（無矛盾性）があるかは、剣道技術の上には大切なことであり、重要なことだと思っています。

素振りの二挙動の要領は、中段の構えから、右足を出しながら振り上げ、左足の引きつけが終わると同時に打ちますが、返し胴もこの要領で打ちます。すなわち、応じたときが振り上げの最大時であり、右足を右斜め前に踏み出しながらこの動作をします。その後、左足を右足の後ろに引きつけながら、右胴打ちに変化します。足さばきは、相手から打たれない程度のさばき（開き）でよく、左足の引きつけが早ければ早いほど、胴を打つ速度および強さが変わります。

この二挙動の要領での打ち方を習得することにより、面返し胴はもとより、面すり上げ面や剣道形にも応用ができますし、思った以上に上体と下体の動きが円滑になります。

足と手（腕）との連携がうまくいかないと、気剣体が一致しなかったり、相手から打突されることにもなりかねません。

また、相手の打ちをできるだけ引きつけながら、応じることも大切です。早く応じると、相手が途中で動作をやめてしまうこともあります。相手との間隔が近い場合には、左手を右手の方に引きつけながら、胴を打つ場合もあります。

応じ返しを習得するには、相手に足を動かさないで、真っ直ぐ素振りをしてもらい、左鎬で応じて右胴を、右鎬で応じて左胴を打つことをくり返すとよいと思います。最初は、足さばきを伴わないで行ない、できるにしたがって足さばきを行なうと同時に、相手に振り下ろす速度を上げて貰います。力の入れ方と抜き方、左拳の移動の仕方などを注意するとよいと思います。短時間に取得し、手首の返しを覚えるのにも効果があります。

攻めて、相手を引き出して、手足を連動させて、眼の前で応じて、刃筋を正しく物打で胴を打つと、審査員の評価は高いものになってくると思います。

手と足の連動

応じ返し胴は、応じたときが振り上げの最大時であり、右足を右斜め前に踏み出しながらこの動作をする。その後、左足を右足の後ろに引きつけながら、右胴打ちに変化する。この打ち方を習得すると、面返し胴だけでなく、面すり上げ面にも応用できる

機会

打ち気の強い相手、出ばな面を狙っている相手に有効

前記したように、審査での跳び込み胴はほとんど考えないでよいと思います。審査では、鍔ぜり合いからの引き胴も時々はあるでしょうが、やはり応じ技としての胴打ちが主力になるでしょう。最近審査でよく目につくのが、開始直後の返し胴です。返し胴自体は立派な技ですが、受審者のほとんどが初太刀に跳び込み面にいきますので、それを予想した技としか映らない場合が多くあります。そうした人の多くが、審査途中に跳び込み小手や相手が動こうとしただけで返し胴にいこうとします。その瞬間に「初太刀の返し胴はなんだったのか?」という審査員の評価をもらうでしょう。相手を見る眼は大事ですが、賭けは剣道には禁物です。

無心で技を使うこと

昇段審査では、ほとんどの受審者が初太刀に跳び込み面にいく。それを予想した応じ返し胴が散見されるが、賭けは剣道に禁物。相手がきたときに無心で技を遣えるまで稽古することが大切

無心で技を遣えるまで、稽古で習得する必要があります。

いろいろな機会のとらえ方があると思いますが、よく使われる機会のつくり方を二つ紹介したいと思います。これは、応じ返し胴のみでなく抜き胴のどちらにも通用する、機会のつくり方です。

一、打ち気の強い相手

例えば、相手が跳び込み面にこようとすることを察知した場合、面に誘い胴に応じます。誘い方も色々ありますが、わたしの場合は、正中線から剣先をわざと外し、相手が打ち易い状態を作ってやります。

こちらの攻めが厳しいと、相手は下がるばかりで打とうとしなくなりますから、攻めながら剣先を緩めてやると、相手は打ち気がでます。

こちらの隙が多く見えるほど、打ち気になりますが、あまりに無防備だと逆に打たれることになります。

一、出ばな面を狙っている相手

このタイプには、遠間からサッと間合に入ります。入る時は急に打ち間に入ったと思わせるよう、一足一刀より近くに感じさせたほうが効果があります。間合の攻防のところからですので、入る距離は多くて一足長くらいと思ったほうがよく、それより長いと打たれる公算が高くなったり、防御のままで技が出なくなる場面が多くなってしまいます。

応じ技は、相手が技を仕かけてくるのを待って応じるのでは、成功率は低いようです。技を出させるということは、相手が構えを崩すことでもありますから、あくまでもこちらが「先」をかけて、相手を引き出し、「先」を取ったと思わせるように仕向けることが大切です。自分から仕向けることによって、精神的・時間的に余裕が生まれます。

末野栄二の剣道秘訣

突き 恐怖心を与える突き技。仕かけ技の習得にも有効

攻めには相手に伝わる「気勢」が感じられることが大切ですが、それには、突きが有効です。突かれることはだれもが嫌がります。ということは、突きは相手に恐怖心を与えることになります。相手の平常心を崩したり、不動心を動かすためには、打たれることより突かれることのほうが、恐怖心は倍増します。四戒（恐懼疑惑）を自分の心に生じさせてはいけませんが、相手に生じさせることは、有効打突を取る上には必要なことです。

突きを大別すると、両手突きと片手突きの二種類があります。相手に恐怖心を与えると同時に自分の体勢が崩れないためには、両手突きですが、片手突きにも間合や相手の構えの関係等で利がありますので、遣い分けができるよう、両手突きができたら片手突きの習得と、二種類の稽古をする必要があります。有効打突につながる「突き」は大いに結構ですが、相手を痛めつけてやろうとする突きは、後味の悪い思いをするだけですので、遠慮したいものです。打突されても、「交剣知愛」の精神で、次回もお願いしたいというような、稽古をしたいものです。

突く咽喉部の部位は狭いので難しいですが、両手突きは、中段の構えがあまり変化しないこと。腰で突く必要性から他の仕かけ技の習得にも効果的であること。正中線への攻撃であることなどから、上達するうえにおいては、突きの習得をしなければならないと思います。

両手突き基本三種

前突き・表突き・裏突き。三つの突きを身につける

高野佐三郎著『剣道』の中に、突き業（技）として、諸手突・片手突・二段突・切落突・表突・裏突等十三種、谷田左一著『剣道神髄と指導法詳説』には十五種が紹介されていますが、簡単に、前突き・表突き・裏突きの三種を基本として考えるとよいと思います。

まずは三つの突きを身につける

いずれの技にしても、次の点は心掛ける必要があります。

・腰で突くと同時に後ろの足を引きつけること（腰が残ると体勢が崩れ、気勢も感じられなくなります。後ろ足の素早い引き付けも同じです）。

・肘を充分に伸ばすとともに両手を内側に絞り込むこと（相手の体重を剣先で支えることとなります。肘と手の内に気をつけないと威力がなくなりますし、最悪の場合には竹刀を落としてしまいます）。

・突いたときは、竹刀の峰側である左右の手首を伸ばすこと（剣先に力を入れるために、延び手にし、威力をつけます）。

・突いた後は、左足を引きつけると同時に伸ばした腕を元に戻すこと（突いた反動であまり早く引くと、体勢が整いません。また、突きっぱなしも体勢が崩れたままとなりますので、左足の引きつけと同時に、伸びた腕を元に戻す必要があります）。

●前突き

前突きは、相手の竹刀が正中線から外れる場合、すなわち構えに隙がある場合に出します。

両手を均等に絞り込むようにして、弦を上にして真っ直ぐに突きます。構えた場合の自分の剣先の高さは、相手の咽喉部またはやや下になっているのが一般的です。剣先が床と水平移動する感じで突くと、ほぼ相手の咽喉部にいきますので、あとは上下を調整するだけです。両手の絞り込みが均等にいかないと、正中線から右や左にそれてしまいます。手にあまり力を入れずに、全身で突きますが、特に下腹に力を込めることにより、腰に力が入ります。

「突く術は腕の力によらずして腹に気合をこめて突くべし」という道歌もあります。

●表突き

表突きは、刃部を右斜め下にして突く要領です。相手の剣先が強い場合に、前突きの要領でいくと自分の剣先が外されてしまいます。

ライフル銃は、発射された弾の威力は相当なものです。ライフルとは、銃身内部に施した螺旋条溝をいいますが、弾丸に回転を与えると共に弾道を安定させるためのもので、ほとんどの銃に施されています。

前突き

両手を均等に絞り込むようにして、弦を上にして真っ直ぐに突く。構えに隙がある相手に用いる

裏突き

表突きとは逆に刃部を左斜め下にして突く。表鎬で防御する相手に有効

表突き

刃部を真下から右斜め下になるように手の内を返しながら突く。剣先が強い相手に用いる

ライフルの螺旋条溝と同じように、刃部を真下から右斜め下になるように、手の内を返しながらの突き技は威力を増して、時に相手の構えを打ち破る勢いにもなります。すり込みながらの突き技は、日本剣道形三本目等に見ることができます。応用として、右斜め前に踏み出しながらの表突きもあります。相手の咽喉部が左に動くため、的が絞りにくい点はありますが、突かれる相手にとっては対応が遅れる場合も出てきます。

●裏突き

裏突きは、表突きとは逆に刃部を左斜め下にして突く要領です。表鎬で防御する相手に使います。突いた左拳が中心から外れることがありますので、手の内を返し過ぎないようにする必要があります。昇段審査ではあまり見られませんが、若年層での試合で見受けられる、通称三所避けには効果的です。

相手の剣先が表に大きく外れるようだったら、前突きと同じように、刃部を真下にしての裏からの突きもあります。

片手突き

右手で右腰を叩く要領で安定感をつくる

片手で突いて失敗した場合、二の太刀を出すことができませんし、相手への対応が遅れる場合がありますので、一足一刀の間合では両手突きにいくことが有効です。また、片手では両手と比較し二十センチ程度の間合の利があるため、一足一刀の間で片手で突くと、体の出が悪く手先で突いてしまう傾向にあります。

したがって、間を切ろうとする人や剣先を下げて胸を突っ張ろうとする人に対しては、片手突きが有効になってきます。また、後で記述しますが上段に対しては、片手でないと突きは成功しないと思ったほうがよいと思います。

突いたときには、刃部が左斜め下を向くように、左手の内を絞り込みます。竹刀を落とさないことや剣先の威力については前記したとおりです。左肩を出して突くと、正中線が変化しますので、肩は両手突きと同じ位置がよいと思います。

突くときに右手を離しますが、右拳で右腰を叩く感じにすると腰を締めることができて、安定度が増します。突いたあとは両手突きと同じく、左足を引きつけるのと同時に伸びた左腕を元に戻し、柄に右手を添えます。右手の添え方が遅くなると、相手から打突されやすいので素早い動作が必要です。

片手突き

相手の動きや構え方によっては、裏からの片手突きもあります。稽古の際に、上位の人に掛かる礼法として、片手突きは失礼になる場合もありますので注意する必要があります。

左手の内を絞り込み、刃部が左斜め下に向くように突く。間を切ろうとする相手、剣先を下げて防御する相手に有効

腰で突く
三角形の構えを維持すると腰が入る

腰で突く大事さは、前記したとおりです。突きは、剣先で相手の体重を支えることとなりますので、肘を伸ばすのと同時に、左右の手の内を絞り込む必要があります。手の内の絞りをあまり意識しすぎると、肘が伸びません。私は肘を内側に絞り込みながら伸ばすことにより、自然と手の内が絞れるようにしています。手の内の絞りが甘いと、相手の体重を支えきれなくなって竹刀

を落としてしまいます。

突く咽喉部は、的が狭いため相当な技術を要します。若い頃にはゴルフボールを天井から紐で吊り下げて、突く練習をしていました。ひとつの要領として、両肩と右手及び両肩と左手とで、それぞれに三角形を作り、それを崩さないようにすると私はうまく突ける気がします。自分の正中線を相手の正中線に向けることと、三角形をいかにしっかりとキープ出来るかを意識し、反復することにより習得できると思います。

また、金太郎飴ではありませんが、咽喉部の一握り後ろを突くつもりでないと、手前でカーブして外れてしまいます。

突き技は、下がる人には効果的ですが、前に出る人、とくに面に乗る人には逆に応じられやすい欠点があります。剣道は、正中線の攻防ですので前突きにくる場合に、自分が中心を取っていれば当然相手の剣先が外れることとなり、面に乗られてしまいます。

前記の他には、相手の動きに応じて次のような技を出します。

面にいったときに上体前面に剣先を付けようとする人に対しては、跳び込み面の途中から両手突きや片手突きに変化します。

小手の守りの堅い人には、上から小手を打つようにして打たずに、相手の竹刀を一周して両手突きに変化します。また、下から小手を打つようにして、剣先が外れたところを元に戻しながら突きに変化する場合もあります。この際には、前記したように竹刀を螺旋に使うと効果的です。払い突きや剣道形三本目のように、突きを流して突き返す、返し突きなどもあります。

三角形を崩さずに突く

両肩と右手および両肩と左手とで、それぞれに三角形を作り、それを崩さないようにして突く。こうすることで腰の入った突きになる

突いたとき、左右の手首は伸ばすが、手首の位置が上がりすぎても、下がりすぎてもいけない

上段への突き

左手を引いて防御する相手には片手突きが有効

上段から打つときは、ほとんど片手で下ろしますので、両手が主力の中段とは間合が違います。両手突きにいくと面に乗られてしまいます。

上段の左小手を攻めると、左手を後ろに引いて防御するようでしたら、片手突きは有効です。その場合私は、相手の真正面で突くようにしています。右にさばきながら突く人もいますが、どちらかといえば逃げながらの突きになってしまいます。自分の技に自信のない証拠かもしれません。打突部位をとらえられないときに体をさばけばよいと思います。

突きにいこうとしたときに相手の防御が早かった場合は、途中で止まってさらに突きにいきます。面の二段打ちの要領です。防御の早い人に対して、この二段突きは効果があります。防御した

上段に片手突き

左小手を後ろに引いて防御する相手に片手突きは有効。相手の真正面で突く

場合は、必ずといってよいほど空いた部位を防御します。

小手を攻めて突きへ。突きを攻めて突きへ。突きを攻めて小手へ。小手を攻めて小手へと変化することにより、上段の構えを必ず崩すことができます。

※

「剣道試合・審判細則」第十二条に「次の場合は、有効打突としない」として「一、有効打突が、両者同時にあった場合（相打ち）。二、被打突者の剣先が、相手の上体前面に付いてその気勢、姿勢が充実していると判断した場合」という条文があります。

剣道は、技術的な要素はもちろんですが、精神（心）的な要素の修錬も大切です。竹刀は刀の観念として、あるいは刀の代用としてとの考え方があります。この第二項は、試合（競技）としての有効な打突部位にはなりませんが、刀と考えた場合は、相打ちと同じ効果があったものとして、規定化されたものと思います。

試合規則上は、剣先が上体正面についていれば有効打突ではないからとか、あるいは、自分の心は動かないからという理由で、剣先を安易に相手につけるやり方では、上達が止まってしまうのではないかと思います。

この状態を、お互いに勝ちと思うのか、それとも互いに負けと思うのかは、各自の剣道観により変わってくると思います。

稽古で掛かる時には、上体に剣先を付けられても、それに怯むことなく、恐さを乗り越える気概を持たなければならないと思いますが、元立ちとしては、相手の技に即対応して打ち返しができる剣道、「相手に従うの勝ち」を私はめざしていこうと思っています。

崩して打つ

打たれる、突かれる。恐怖感のある構えをつくる

有効打突を取るためには、一般的なプロセスとして、攻め合い・間詰め・攻め崩し・機会を捉えなければなりません。

剣道の有効打突は、柔道の「技あり」や、野球の三塁打では効果を認められず、常に百点満点でなければなりません。満点の打突をするためには、攻め合いから打突に至るプロセスも、ほぼ満点で移行することが大切です。間詰めが甘かったり、一瞬の機会を捉えることができなかったりすれば、有効打突につながっていきません。剣道の難しさを、私はいつも認識しながら稽古に励んでいます。

三つの隙である「心の隙」「構えの隙」「動作の隙」を打突しなさいとの教えがあります。同じ段同士が立ち合う昇段審査では、構えの隙のある相手はほとんどいないと思います。試合や審査では、打突されたくない心と、打突したい心が特に顕著に表れるものです。その心が強く起こり過ぎると、その一瞬が心の隙となります。「無心になれ」と言われるのも、そのような心が生じないようにするためのアドバイスと、とらえる必要があるかと思います。

有効打突を取るためには、当然打突を出さないと取れないことになります。動作の隙は、打突をしようと

して、相手の身体から剣先が外れると起きます。したがって、動作の隙がない人はいません。その動作の隙を打たれないために、攻め崩し等があると思ったほうがよいのかもしれません。

三殺法で言われる、竹刀を殺す・技を殺す・気を殺すのも、相手を崩して打突するための手段であり、逆に自分が打突されない方策でもあります。

剣道の技術は、段が上に行けば行くほど限度があり、相手との差も少なくなってきます。自分の身体に命令をして、身体を動かすのは、気と心です。本書で常に取り上げていますが、高段になるにしたがって、「心」の修行が大切になってきます。

今回は「崩して打つ」がテーマですが、どこを崩すかというと、構えを崩すことが当然必要となります。その構えとは、気構えと心構えであり、崩した気と心が、身構えを崩すことにつながっていきます。相手の構えを崩すためには、自分の構えがしっかりとできていることが大切です。相手から見て、打たれる・突かれるかもしれないという、恐怖感がある構えでないといけません。

崩さない

剣先の怖さを乗り越え、崩さずに打つことが地力の涵養になる

「逆もまた真なり」との言葉があります。相手の中心を取って打つのが最良の策ですが、上に掛かるときには、崩すことなど考えずに、無心で打ち切る稽古もあります。

私は、上位・下位・同じ程度の実力の人とでは、稽古法を変えています。現在の稽古のやり方は、有効打突を争う歩合稽古が主流になってきています。その時々で有効打突を取ることも大事かもしれませんが、長期的に実力（地力）を付ける稽古法は、それよりまだ重要だと思います。上位の人に掛かる稽古は、精神的にも肉体的にも「掛かり稽古」であってほしいと思います。今日の勝ちより、明日の勝ちをめざしたほうが、長い目で見た場合は大切ではないでしょうか。「我事において後悔せず」ではありませんが、若い頃にもう少し、掛かっていればよかったと思っても、昔には帰れません。

掛かり稽古は、下位の人が、上位の人に掛かって、稽古をつけ

てもらう稽古法ですが、掛かる人は、相手に打たれるとか、打突をかわされるとかは一切念頭に置かず、これまでに習得した「仕かけ技」で、短時間のうちに気力、体力が続く限り、捨て身で、激しく、打ちかかっていく稽古法です。

「掛かり稽古」は「打ち込み稽古」に似ていますが、「打ち込み稽古」は元立ちが機会（隙）を与えたところを打突して、基本を習得する方法であるのに対して、「掛かり稽古」は、掛かる人の意志により打突していきます。無理な打突や正しくない技は元立ちが見極めて打突させず、逆に正しい打突は引き立てて打突させるなどして、掛かる人に間合、機会、体の運用、構えなどを体得させる稽古法です。八段の元立ちに二段が掛かるのと、七段が掛かるのとでは、掛かる人と元立ちとの実力差が違いますので、掛かりの程度は若干変わってきます。

四戒と言われる恐懼疑惑を取り去り、無心になり、地力をつけるのに最高の稽古法が掛かり稽古である。三つの隙を狙い、恐懼疑惑を相手に起こさせ、崩して打つことが定石だが、相手から打たれないようにするためには、四戒を出さないよう修錬する必要もある

元立ちの上位の人は、下位の人の攻めにも構えが崩れません。下位の人は、上位の人の剣先を恐れずに、姿勢に注意して捨て身で打突をするところから、崩しの大切さを学ぶ必要もあります。相手から打たれることを恐れずに、一本一本の技に全精力を込めて、基本に則しての打ち切りには、わだかまりや、「我」「止心」がなくなります。

元立ちに対して旺盛な気力をもって、捨て身で掛かっていくと、その気が元立ちに伝わり、元立ちの剣先が緩んで、引き立ててもらえることもあります。剣先の恐さを忘れ、思い切って打ちを出して返されても、打突動作や姿勢が崩れなかったときは、自分では正しい打ちだったと思って納得してもよいと思います。試合では、どちらかに旗が上がるかもしれませんが、稽古や審査では、双方とも良い技であったと評価されることも多々あります。

四戒（病）と言われる、「恐懼疑惑」を取り去り、無心になり、地力をつけるのに最高の稽古法が「掛かり稽古」だと私は信じて疑いません。

三つの隙を狙い、恐懼疑惑を相手に起こさせ、崩して打つのが定石ですが、相手から打たれないようにするためには、自分のほうは逆に隙を作らず、四戒を出さないよう修錬する必要があります。

　四十歳で剣道を始められ、鹿児島の朝稽古に常時参加されていたT氏は、五十九歳の時に初回の挑戦で七段に合格されましたが、審査内容を伺ったら「朝稽古で先生方に掛かる思いに比べたら、相手の剣先は全然恐くなく、機会をみて打ちを出したら、ほとんど当たりました。かねての掛かり稽古が大切ですね」との感想は、まさに剣道の歩むべき姿を実体験された言葉と受け取りました。

中心を取る

打たれるときは自分の剣先が相手の中心線から外れている

仕かけ技をするためには、中心を取る必要があります。昔からの教えに「中墨を取れ」との言葉があります。中墨とは大工用語で、墨縄で作る中央線のことでありますが、剣道でいえば自分の中心と、相手の中心とを結ぶ線のことであります。自分の剣先は相手の中心線からはずれないことが一番大事なことであり、相手から打たれるときは、必ず自分の剣先が相手の中心線からはずれたときであります。結局、中墨からはずれたときに打突されますので、剣道においては、この中墨を取ることが極意の一つであり、剣道の法則でもあります。

　中墨のはずれない剣道は風格があり、打たれなくても右や左に剣先が動くのは、見苦しい剣道だといわれています。人生においても、自らの信念を失い、利益等によって心が左右にぶれて、中墨がはずれることがないようにしたいものです。

　中心が取れたら、有効打突はほぼ手中にすることができるでしょう。このときに、すかさず打突ができるかは、大きなポイントとなります。「今中」と言う言葉がありますが、いとまの間には、打突が終わっていなければなりません。まさに「石火の機」であり、火打ち石の当たった瞬間に出る、火花のようでなければなりません。攻めて崩して相手が「虚」になっても、打つべき機会を失うと、相手は「虚」から「実」へ変化して、逆に打たれることさえあります。まさに一瞬です。

　中段の構えは、右自然体ですので、通常は表鎬で相手の竹刀と交差していますが、表から押さえた竹刀は、反発して表に押し返そうとします。押し返しが遅ければ、面に隙が生じますし、早い押し返しは、小手に隙が生じることとなります。

裏から攻めて押さえた竹刀は、小手に隙が生じますし、早い押し返しは面に隙が生じます。押された竹刀を、中心に押し返す人は稀で、ほとんどは反発して中心を行き過ぎてしまいます。相手の力の反発を利用して、打突する方法も効果があります。

気をつけなければならないことは、竹刀を押さえる、捲く、払うなどは、打突する目的のためにすることでありますが、押さえるために押さえる人も多く見かけます。手段と目的が混同しないように、注意する必要があります。

中心を取って崩す

相手の中心を取り、崩れた瞬間を打つ

中心を取らせる

中心を取れたと錯覚させて構えの崩れた瞬間を打つ

動作の隙は、前記したようにだれにも起きます。相手の城である構えを崩して打突するのが仕かけ技ですが、相手が自分から打突しようとすると、当然構えが崩れることとなります。構えが崩れない仕かけ技はありません。

中心を取って打突する。中心を取ったと思って打突にいくと、応じ技で変化されて打突される。ここに、変化の妙があります。打突されるのか、打突するのかは一瞬であり、紙一重でもあるのが剣道です。そこに、攻め・崩し・間合・機会・打突するという一連の過程で、攻めから打突までの動作が、無理なくスムースに行なわなければなりません。

剣道の崩しは難しく、崩れたと思って仕かけ技を出したら、応じ技で打たれることはよくあることです。相手から誘われて引き出されて、打たれることもあります。

中心を取らせたと相手に思わせて、相手が打突しようとして構えが崩れたところを打つ、と表現したほうがよいのかもしれません。

応じて打つ場合も、相手からの打突を待っていたら、自分が崩されてしまいます。自分から攻めて、相手が打突せざるを得ないような厳しい攻めが、最終的には相手の打突を誘い出すことになります。

「攻め崩して打突する」「攻めて相手を引き出して打突する」などを織り交ぜて、相手と対していくこととなります。

中心を取らせて崩す

相手に中心を取らせ、構えの崩れを打つ

技への展開

崩しは千差万別。どのような崩しにも対応できること

相手の動作を見て打突する部位は次の通りです。

・剣先が下がる→面または突き
・剣先が上がる→小手

相手が崩してくる方法は、各自変わっている。それだけに、どのような崩しにも対応できる研究と修錬が、短い時間の審査ではより重要となってくる

・手元が上がる→胴

もっと具体的に説明すると以下の通りになります。

・面を攻め、剣先が上がって構えが崩れたところに小手を打つ。
・小手を攻め、剣先が下がって構えが崩れたところに面を打つ。
・小手を攻め、剣先が下がったり小手をかばったりして構えが崩れたところに咽喉部を突く。
・表から面を攻め、構えを崩して右面を打つ。
・小手を攻め、構えを崩して左面を打つ。

また、溜めとの関係は以下のようになります。

・面を攻め、溜めて、小手を防御しようとして、崩れたところに面を打つ。
・小手を攻め、溜めて、面を防御しようとして、崩れたところに小手を打つ。

これらは、相手が防御したときに空いている部位にいかず、溜めを作って隠れている部位を打突する方法です。

相手が崩してくる方法は、各自変わっています。それだけに、どのような崩しにも対応できる研究と修錬が、短い時間の審査ではより重要となってきます。

末野栄二の剣道秘訣

仕かけて打つ

一足一刀の間に入る直前が重要。仕かけなしに相手は動かせない

剣道の打ちは、刃筋を正しくして、竹刀を振り上げて振り下ろすだけの単純な動作です。また、体の運用は腰を水平移動する足さばきをするという、これも単純な動作ですが、上半身と下半身との連携がうまくいかないところに剣道の難しさがあります。また、打突部位は面・小手・胴・突きのわずか四カ所しかありませんが、上下左右と分かれているため、これも動作を難しくしている一因です。

さらに加えれば、一メートルあまりの竹刀が自分の思いどおりに動いてくれないという難点があります。竹刀操作や技を出すということは、心が命じることとなりますので、高段者になるほど心の修錬が大切になってくると思います。

仕かけ技がなければ、相手は打突されるという恐怖心は湧いてはきません。稽古で仕かけ技を多用することにより、気勢充実の修錬にもつながってきます。

表裏・下を攻めて面

打突できる気構えと身構えが必要。形だけの攻めは隙になる

私は、剣先を相手の左眼につけて構えていますが、当然のことながら常時左眼につけているわけではありません。相手に対し表から攻めたり裏から攻めたりしていますが、相手からの攻めに対しての対応もしなければなりませんので、竹刀の身幅だけのわずかな動きでの剣先の攻防と、足さばきによる左右の動きでの中心の取り合いもあります。しっかりと構えているつもりでも、相手への対応が遅れると、自分の堅固な城も崩されてしまいます。

構えの隙は初心者のみと思っている人もあるかと思いますが、相手への対応が遅れると高段者でも構えの隙が起こり得ます。

逆に考えると、自分に対する対応を相手に遅らせて打突の機会を作るのも一つの方法です。その方法として「上を攻めて下を打て。下を攻めて上を打て」「右を攻めて左を打て、左を攻めて右

表裏・下を攻めて面

自分への対応を遅らせて打突の機会をつくる

を打て」の教えがありますが、この場合の「攻めて」は、打突の意志がなければなりません。攻めた場合に攻めた部位が空いていれば、直ちに打突できる気構えと身構えが必要です。形だけの攻め、いわゆるフェイント的な見せる攻めは、段が上がるほど効果が期待できませんし、逆に見せたところを相手から打突される危険性があります。

打突するためには、一足一刀の間に入る直前の、剣が交わっているところの攻め合いが一番大切です。攻め合う鎬を削る剣の音が、徐々に高くなっていくのを高段者の立合で見ることがありますが、心と心・気と気の攻め合いがこの音になって現れてきます。「ただ敵に勝を思うな身を守れ　自ら洩る賤が家の月」の古歌がありますが、打突の機会を作ろうとするより、板の隙間から月の光が家屋内に差し込んくるような機会が「ぱっ」と見えることがあります。この時に、いつの間にか自然と技が出ることが肝心です。考えては遅れてしまいます。眼で感じたことが、脳からの命令を待たずして、反射神経となって手足が動かなければなりません。そのためには、同じ動作をくり返し行なう打ち込み稽古と、上位に掛かる稽古しかないというのが私の体験した結論ですが、その心境に常時いかないのも剣道の難しさです。

先日脳科学者が「目で見たのを脳に伝えて行動すると〇・四秒かかるが、脳を経由しないと〇・三秒でよい」と話していましたが、この〇・一秒の差が剣道の極意であり、無心の技なのかもしれません。

六段審査のわずか一分間の短い立合では、ある程度強引な攻めからの打突も功を奏す場合があるように感じますが、双方の掛かり稽古になってしまわないように気をつける必要があります。

中心を攻めて面

剣先は正中線。相手にできるだけ近い位置で竹刀を振り上げる

面の打突部位は、コメカミまでとなっていますが、跳び込み面は正面を狙って打つしかありません。結果として右面や左面にずれることのほうが多く、正面を捉えることのほうが希でしょう。斜面を打とうとすると、手元が上がったり、腋が空いてしまい有効打突にはなりません。

最近の若手の試合で、相手の竹刀が真ん中にあるのに、裏から右面を打つ場面を見かけることがありますが、相手の竹刀を中心から外して打つべきと思います。体勢の問題、刃筋の問題が一本

にならない要因と思います。変化技は別として、仕かけ技の面は、正面打ちに限ります。

足遣いも当然大切ですが、送り足や継ぎ足ではなく、その場から右足を踏み込んで出られるように構える必要があります。一歩入って打突することを「攻めて」と表現される方もありますが、一歩入ることが相手にとっては「イロ」に見えることだってあります。相手の体勢ができているところに、入って打とうとすると、必ず出ばなを打たれてしまいます。間合と機会は自分から作り出さなければなりませんが、無理な作り方は墓穴を掘ってしまいます。

正面打ちの場合、剣先の延長線が左眼につけたままで竹刀を振り上げると、剣先が相手の正中線から外れてしまいます。したがって打突する前に剣先を正中線につけるか、振り上げる途中の早い時点で、剣先を正中線にもっていくにようにしなければなりません。

また、左眼につけたままで竹刀を振り上げると、左鎬が相手に見えることになり、打ち出しが相手に判ってしまいます。剣先が正中線にあり、相手にできるだけ近い位置で竹刀を振り上げることが効率的です。

時間的なものとしては「溜め」も必要です。溜めが足りないと気負いになりますし、溜め過ぎると居つきになってしまいます。気負いと居つきの中間が溜めといわれていますが、間合や技、相

中心を攻めて面

剣先を相手の左眼につけ、できるだけ近い位置で竹刀を振り上げる

手の動作によっても溜める時間が変わってきます。

面打ちの場合、小手を攻めて面を打つのが一般的ですが、面を攻めて「溜め」を作って面を打つ方法もあります。自分の空いているところを防御しようとする本能がありますので、面を攻めて面を打つ方法も効果的です。運動神経の発達している人は、特に顕著にその行為が表れます。

打突するためには、相手の竹刀を払う、押さえる、捲く、張るなどの方法もありますが、私はあまり遣いません。その理由は、剣先が外れている相手を打突しようと動作を起こしても、打突する直前に剣先が自分の体についた場合は、当然打突できないからです。有効打突を取るためには、打突の瞬間にいかに相手の剣先を外すようにするかが必要ですが、最終的には心の働きしかないような気がしています。

相手の心を崩す。あるいは相手が心を崩すように仕向ける（攻める）ことが、結果的には打突の隙を見つけ出す方策かもしれません。

面を攻めて小手

跳び込み面の間合を保持し、面を警戒させることが大切

面は表で上にある部位ですが、小手は裏で下にある部位です。小手を打つためには、いかに相手が面に対して警戒するかにかかっています。面と小手は攻めと守りについて、表裏の関係にあります。

打突部位は四カ所ですが、高段者には跳び込み胴は見られませんので、仕かけ技では、面・小手・突きの三カ所ということになります。

打突することだけを考えると、剣先の延長は正中線にあるのが最短距離にあると思いますが、攻防一致を考えると左眼につけるのが最良の方法と思います。防御から攻撃へ、攻撃から防御へと剣先のわずかな動きで対応できます。

このわずかな動きの中で、相手が何処を守ろうとしているのかを判断し、守ろうとしている逆の部位を打突することになります。

間合については、跳び込み面に行く間合を保持することが大事です。面を打つぞという気攻めが感じられる時、相手は竹刀を表から押さえたり、あるいは面を防御する姿勢になろうとします。そこに小手への隙が見い出せることになります。

小手打ちは打った後に半身になりやすいですが、踏み込んだ右

足を正面に向けることにより、小手を捉える確率はかなり高くなりますし、適正な姿勢の保持にもつながります。打ちが成功しない場合は、次への攻撃や防御への対応も早くなります。

もうひとつ大切なことは、左足の引きつけです。打突の冴えや強さは、手の内と密接な関係がありますが、左足の引きつけは冴えにも大きく影響をあたえます。飛び込み面よりは小手打ちは小さく踏み込みますので、左足の引きつける距離も短く、時間も当然早くならなくてはなりません。ところが、時間的に面打ちと同様の引きつけになっている人が多くみられます。素早い左足の引きつけは、有効打突を得るポイントです。

面を攻めて小手

跳び込み面に行く間合を保持し、小手を打つ

若い頃にある先生から、「君たちは、面を見せて小手を打つからダメなんだ。面と攻めて空いたら小手を打つのだ」と言われましたが、当時は意味が判りませんでした。修錬を重ねるにつれて、攻めているから相手に気が感じられるのだと、判るようになってきました。

昇段審査でも、見せて打った場合と攻めて打った場合は、その内容が審査員にも伝わりますので、評価は違ってきます。見せて打つ技はごまかし技であるという訳です。

出ばな面

手の内を柔らかくし、下腹に力を入れ、肩の力みを取る

出ばな面は、継ぎ足をしないで打突ができる構えができていることが大切ですが、その瞬間を見ることができる眼力がないといけません。『五輪書』に書いてありますように、観の目を強くしなければなりません。

人にはそれぞれクセがありますが、クセを見破ることができれば、相手より優位に立つことができます。目をはじめとする五感（視・聴・嗅・味・触）で得た情報から、第六感（鋭く物事の本質をつかむ心の働き）が強く働くことになり勘が鋭くなってきます。相手の小さな動作も観察できる能力が備わってくると、相手の拍子、におい、気配などを感じることができるようになり、「起こりのお」を打つことができるようになります。偶然の一致が多い出ばな技ではありますが、その偶然の積み重ねが得意技に

相手を引き出し出ばな面

五感で得た情報から第六感を働かせて出ばな面を打つ

つながります。

左踵が高くならないようにすることや、左足のひかがみ（膕）が曲がりすぎないようにすること。竹刀操作についても、即座に反応する必要がありますので、手の内を柔らかくして、前腕の下筋にやや力が入るようにします。そのためには下腹に力を入れ、肩の力みを取ります

実戦的には、出ばな面が少し遅れた場合には、体を右斜めにわずかに開きながら乗り面に変化します。

仕かけ技で相手に四戒（驚懼疑惑）を与えることにより、相手からの打突を引き出すことになります。そこに変化する応じ技が生まれます。したがって、応じ技をするならば、仕かけ技ができないと効果がでないということになります。

末野栄二の剣道秘訣

二段技・三段技

一本技の積み重ねが二段技・三段技につながる

同じ武道でも柔道では、習い始めて十年位で全日本チャンピオンになることがありますが、剣道の技術の習得には長い年月が必要ですし、競技上では頂点を極めても、武道としての神髄は奥深いものがあります。

習い始めは、足さばきから素振りに至り、単独技の習得ができても、対人技能が待っています。対人技能の約束動作から、自由稽古に至るまでも、長い月日がかかります。速く先にいこうとして途中を省くものなら、後々になって相当な苦労が待つこととなります。

仕かけ技ができないと、応じ技には移れません。少年指導をしていますが、正しい仕かけ技ができる人と組むと、応じ技も上手くいきますが、仕かけ技を修得していない人とは、応じ技もできません。

持田盛二先生遺訓に「剣道は五十歳までは基礎を一所懸命勉強して、自分のものにしなくてはならない。普通基礎というと、初心者のうちに修得してしまったと思っているが、これは大変な間違いであって、そのため基礎を頭の中にしまい込んだままの人が非常に多い。私は剣道の基礎を体で覚えるのに五十年かかった」とあります。

基礎とは、構えや体さばきや竹刀操作などの、有効打突に結びつけるための、打突動作の原理原則である基本動作・打ち込み・切り返しおよび掛かり稽古をいいます。それを頭の中ではなく、身体で覚えることが大切であると諭しています。

二段技や三段技を行なうためには、その基礎である一本打ちの習得が、当然必要になってきます。気剣体一致の一本打ちができ、なおかつ打突後も体勢が崩れないような、体さばきができなければなりません。一本の技の積み重ねが、二段技・三段技になることとなります。

連続技との違いですが、連続技は最終の打突部位を有効打突にしようとの意志をもって技を出しますが、二段・三段の技は、一本で決めようと技を出し、それが功を奏しなかった時に次の打突に変化し、有効打突を取得するという点に違いがあります。連続技の場合は、途中で打突部位を竹刀がとらえても、有効にしようとする意志がありませんので、有効打突にはほとんどなりません。

高段受審になればなるほど、一本打ちの技を大切にし、打ち切る動作がなければならないと思う次第です。

小手―面

実の一本の連続。見せかけの小手では相手の構えは崩れない

小手―面は二段打ちの定番です。跳び込み小手にいったが、防御されたり、打突部位をとらえることができずに、打ちが功を奏しなかった場合に、すかさず面打ちにいく技です。小手打ちが見せかけでは、相手の構えは崩れませんので、小手を取りにいく気勢が必要です。決めにいく技に勢いがあるのとないのとでは、相手の崩れ方も違います。見せかけの技は、相手から応じ返される危険性が多々ありますので、実の精神で技を出す必要があります。

小手にいこうとしたが、相手の防御を早く見取った場合には、小手を打たずに途中から面にいく場合があります。当たらない部位を打つ必要はありませんので、どの時点で当たらないことを察知するかで、動作が変わってきます。これは動作を途中で止めながら他の打突部位を狙う技ですが、変化する技ですので、悪いことではありません。

小手が空いていたら、一本打ちの小手にいくほうが、また、面が空いている場合も、一本打ちの面にいくほうが時間的にも距離的にも当然早いです。しかし、何となく小手―面にいっている人

を沢山見かけます。一本打ちの面や小手打ちに対しては応じ技も多く、打突される危険性が高いですが、小手―面の技は、応じ技の種類も少ないため、打たれる危険性が少ないこと、あるいは打たれない術を知っているので、多用しているのではないかと思います。面に乗る人からは、小手から面にわたる間に面を打たれてしまうでしょう。

剣道の醍醐味は、「静から動」に変化するところにあります。攻め合いの中で剣先が僅かに動きながら、次の瞬間に剣先の動きが一閃し、打突部位を狙って竹刀が身体と共に躍動する、捨て身の技に醍醐味があります。しかし、初太刀が当たらなかった場合には、二の太刀（二段打）・三の太刀（三段打）に変化できる技術には、力強さを感じます。

小手―面

見せかけの技は、相手から応じ返される危険性が多々ある。小手を打ち切る覚悟で技を出すこと

面―面

初太刀に全精力を込めて打つ。二度打ちは一本にならない

面―面の技も多く遣われます。跳び込み面にいった時、相手が体を後方にさばいた場合に遣いますが、一本打ちの面をしっかり打ち切ります。私は顎のところまで切り下げますが、その際に、左親指を直ちに相手の顔のほうに向け、右肘を緩め刃筋を正しま

す。小手―面のところでも記しましたが、面を決める意思がないと、相手は崩れません。

初太刀で決める意思がないと、技が中途半端になります。相手が下がらないのに面を二本続けて打つ人がいますが、「二度打ち」といって昔から戒められています。初太刀に自信のなさが、二度打ちに頼ってしまうことになります。しっかり決めようとして打てば、二度打ちができるはずはありません。初太刀に全精力を込める必要があります。六十パーセントの打ちで失敗し、残りの四十パーセント、あるいは四十パーセントにプラスして打突しようとしても上手くいきません。百パーセント使い切って、ゼロから出発すると、再度百パーセントの力が出ると考えたほうがよいと思います。

小手―面と同じように、初太刀の面にいこうとしたが、相手の防御を早く見取った場合には、次の打突部位に変化する場合は多々あります。その一つが面―面の技です。どの時点で当たらないことを察知するかで、動作が変わってきますが、ギリギリの間合で見切られた場合には、間合によっては、初太刀だけで二の太刀は出せない場合もあります。見切りの間隔が大きな場合には、二打目（二の太刀）の面に変化することも可能です。

相手の体さばきが早い場合は、打ち切る必要はありませんので、初太刀の面の動作を途中で止め、二打目に変化します。

二打目を出す場合に、相手が間合を切ろうとして剣先が外れた場合には、面―面に変化します。面を防御している場合は、面―小手に変化します。防御の体勢によっては、面―胴あるいは、面

面―面

こちらの面に対し、相手が間合を切ろうとして剣先が外れた場合、面の打突動作を止め、二打目の面に変化する

—右斜面（表から裏）に変化する場合もあります。これらの技に変化する判断は一瞬であり、その一瞬の間に結論を出さなければなりません。正に「心気力の一致」がないとできません。

初太刀の際に、相手がこう防御するであろうと予測して、二の太刀を出す場合もありますが成功率は低く、逆に見せるところを乗られる場合があります。やはり、実から実に変化したいものです。

発声と左足

発声は後の技を大きく・強く・短く。左足は素早く引きつける

警察の特錬生を指導していたとき、県外チームと練習試合をする機会がありました。有効打突を精査したところ、約三十本の有効打突中に、小手—面の打ちはわずかに一本だけ、それも二段技に近い打ちで、他は一本打ちの技でした。実力の程度が高い特錬クラスになると、連続技は効果が薄い証拠と思います。六段以上の受審についても、同様と思われますので参考にして、一本打ちの習得に力を入れる必要があると思います。

剣道の技術は、身体の上半身と下半身・左右等が関連している場合が多いですので、二・三段の技において注意すべき、左足・発声等を簡単に記したいと思います。

左足の引きつけ

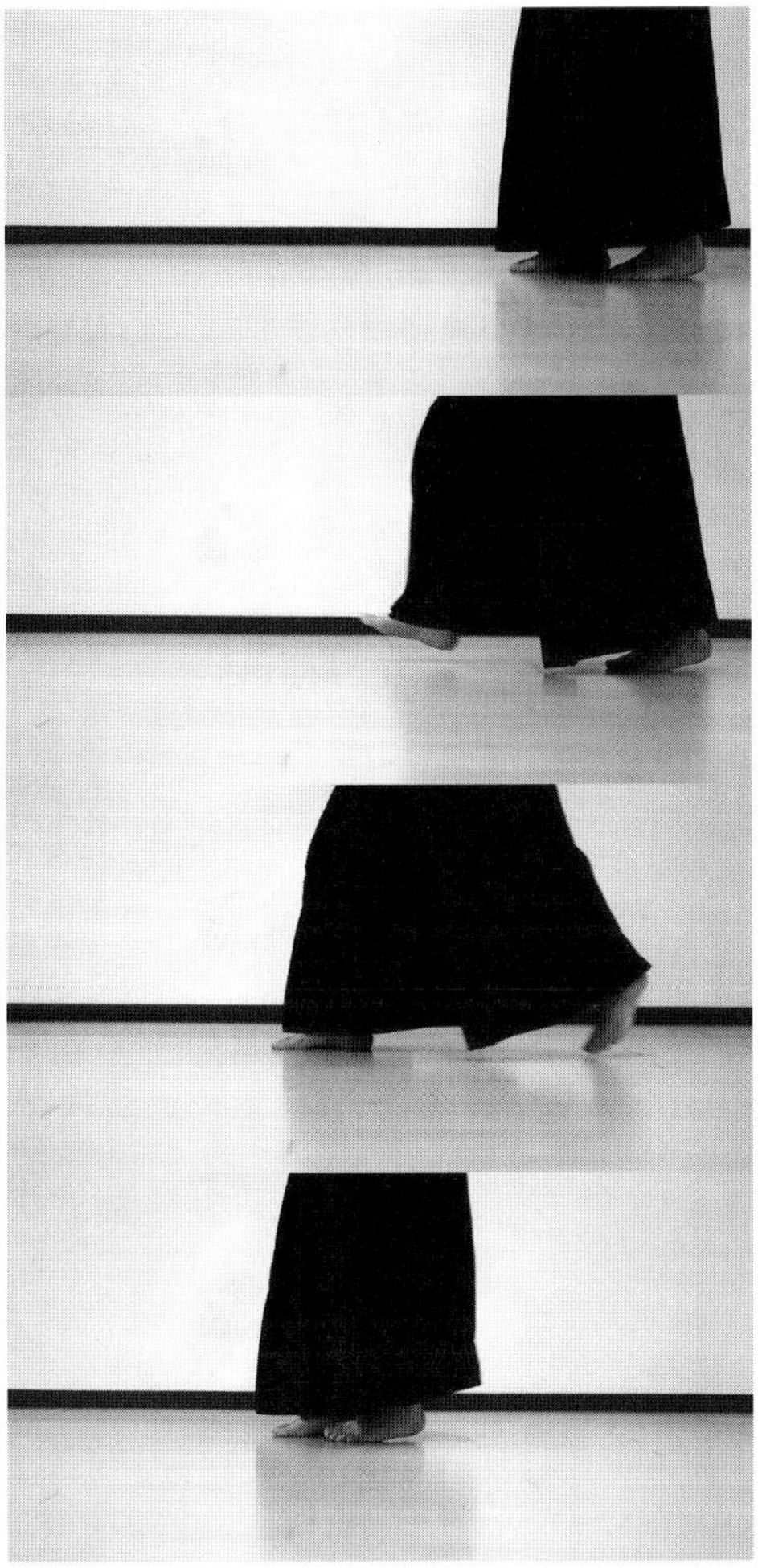

二段技、三段技は、初太刀後の左足の引きつけができていないと、次の打突に移ることができない。左足の早い引きつけは、二の太刀、三の太刀に移るもっとも大切な身体の部位である

左足については、初太刀後の左足の引きつけがなされないと、蹴り出す足がないので、次の打突に移ることができません。左足の早い引きつけは、二の太刀・三の太刀に移るもっとも大切な身体の部位です。また、有効打突の条件である「適正な姿勢」を早くすると共に、打突の冴えにも通じてきます。

二打目の右足の踏み込みは、間合が近くなっていますので、物打ちで部位を捉えるように、出る距離を調整する必要があります。

発声は、前の技より後の技のほうを大きく・強く・短く出す必要があります。声を出す場合は、腹を締めますが、腹を締めることにより、左足の引きつけも早くなってきます。

左手の位置

連続で打つ場合は、とくに左手の位置も重要。面の部位に当たった時の左手の位置は概ね乳の高さにする。この位置が上下しすぎると、次の打ちに遅れが生じる

手首の遣い方ですが、初太刀から次の打ちに移行する場合には、「切り手」に早くならないと、動作が遅れてしまいます。「留め手」からの動作はさほど遅れませんが、突き技や小手打ちは、手首が「延び手」になっていますので、できるだけ早く「切り手」になることが大切です。

連続して打つ場合には、左手の位置も重要です。面の部位に当たった時の左手の位置は概ね乳の高さですが、この位置が打つ度に上下し過ぎると、次の打ちに遅れが生じてきます。面打ちの際に伸びた右肘を、若干緩めることで左手の位置の保持、手の内の緊張と解禁が上手くなされます。手の内というと、拳の中だけ考えてしまいがちですが、拳の筋肉や骨と連動している、手首・腕・肘・肩までを含む、と考えた方が良いと思います。

全日本選手権で、上段の選手と試合した時のこと。相手が右小手を打たれまいと腕を後に抜いた瞬間を跳び込み面へ、竹刀が空を切り、そこで空いた胴に変わろうとしたところ、相手が胴を防御、途中で竹刀を止めて、面にいったところ一本になったことがあります。面・胴・面の三段打ちで、胴は動作を途中で止めたものの、三打とも実の打ちでした。大舞台になれば、見せかけの打突は通用しません。審査ではなおさらと、心すべきだと思います。

稽古法

小手面胴面胴面の連続打ちで二段技、三段技を習得する

私が若い頃稽古に行った大阪府警では、小手・面・胴・面・面の追い込み技の稽古で鍛えられました。運動神経の鈍い私は、小手・面・胴まで打つのがやっとで、稽古を重ねるうちに何とかできるようになりました。

連続打ち

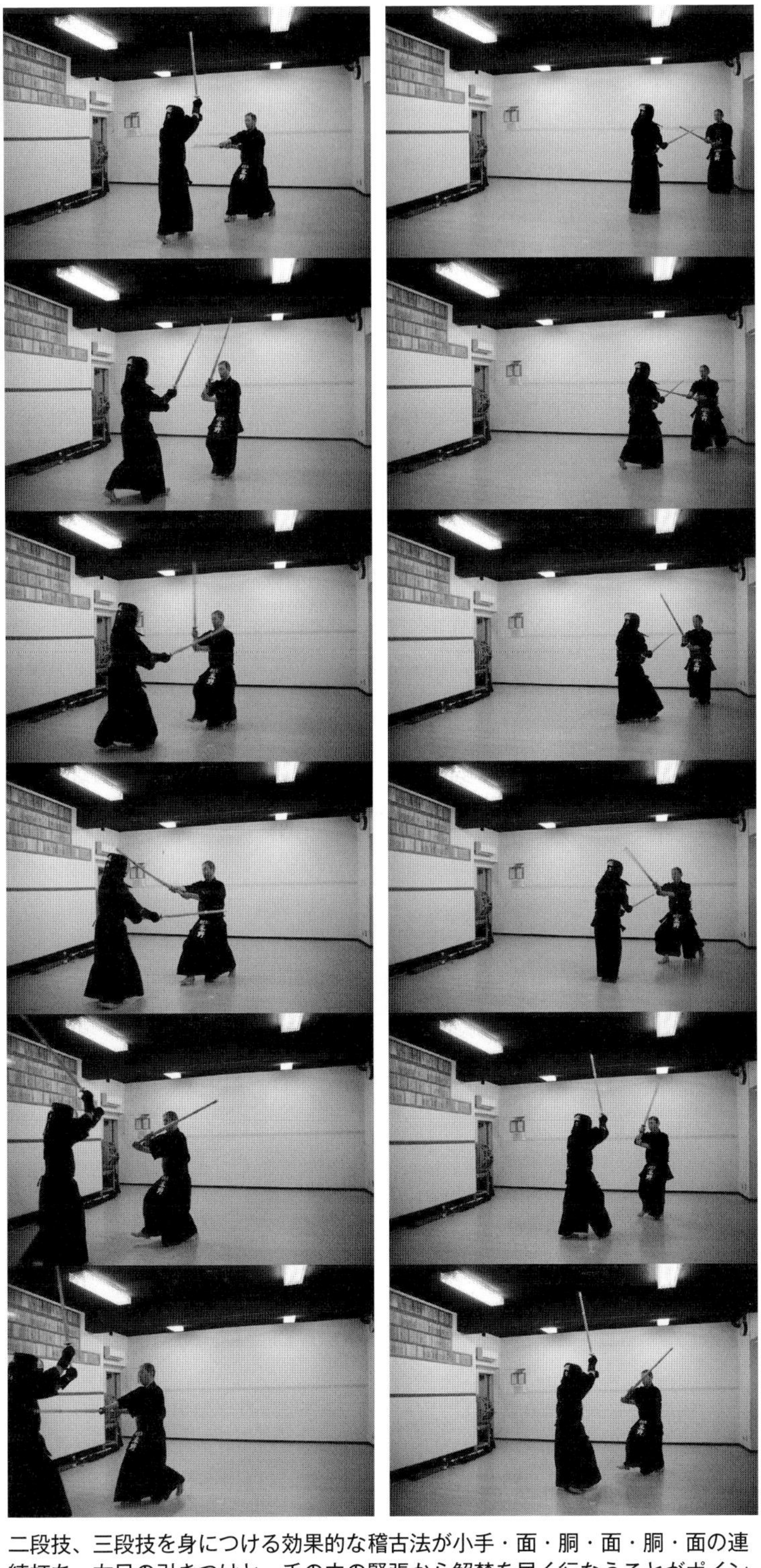

二段技、三段技を身につける効果的な稽古法が小手・面・胴・面・胴・面の連続打ち。左足の引きつけと、手の内の緊張から解禁を早く行なうことがポイントとなる

・気勢を充実すること
・姿勢を正しくすること
・正しく打つこと
・左足の引きつけを早くすること
・手の内および腕の緊張と解緊を素早く行なうこと
・手首を柔軟にすること

以上のような項目を学びました。特に左足の引きつけと、手の内の緊張から解緊を早く行なうことが、ポイントとなりそうです。

昔と比較すると当然、年齢を重ねた私のスピードは落ちていますが、今でも面だけの打ち込みの他、「小手・面・胴・面・面」「小手・面・胴・面・胴・面」と、打突部位を予め決めた約束打ち込み稽古を実施しています。最後はやはり、面で決めたいと考えています。

末野栄二の剣道秘訣

返し技
打ち出す機会を見極め、相手と呼吸を合わせる

応じ技の代表的な技に返し技とすり上げ技がありますが、その違いは、次のとおりです。

刀を腰に帯びた（差した）ときに、外側になるほうを（差し）表といいます。体に接するほうを（差し）裏といいます。竹刀を中段に構えたときも、差したときが基準となり、竹刀の左側を表、右側を裏といいます。表鎬を左鎬、裏鎬を右鎬と表現する場合もあります。相手の打突に対して、自分の竹刀で相手の竹刀を応じ、応じた反対側の部位を打つ技を「返し技」といいます。

簡単に説明すると、表で応じて裏に返して打つ、裏で応じて表に返して打つ技を「返し」といい、表で応じて表を打つ、裏で応じて裏を打つ技を「すり上げ」といいます。

小手を応じて面を打った場合に、「すり上げ」だったのか、「返し」だったのか、間違って表現される人がいますが、前記の「表」「裏」を覚えていると間違った技名にならないと思います。

待って打たない

厳しい仕かけ技を会得し、相手を引き出すこと

応じ技をしようと思えば、仕かけ技ができないと効果は半減します。仕かけ技で厳しく攻められると、防御に回るしかなくなってしまいます。防御だけでは、いつまでたっても有効打突を得ることはできません。そこで防御から「仕かけ技」で反撃しようとします。したがって、厳しい仕かけ技を会得することが、応じ技ができることにつながることとなります。

相手が打突して来たのに咄嗟に応じて、技を出すことができる人は、高度な技術を持った人です。通常は、防御したままになってしまいます。大切なのは、自分から仕かけて、相手を引き出すことです。「抜き技」「すり上げ技」「返し技」等、引き出してからの応じ技は、精度がかなり高くなります。あとは、相手と呼吸が合うか、すなわち相手の打ち出しの機会に呼吸が合うことができるかが、有効打突の取得に影響を与えることになります。そして、応じと返しが滞りなく、一拍子で行なわれなければなりません。

面返し胴

厳しい攻めと緩い攻め。面を誘い出すことが先決

返し技の定番は、「面返し胴」でしょう。詳しく言うならば、相手の跳び込み面を表（右）鎬で応じ、即座に返して右胴を打つ、ということでしょうか。

相手が跳び込み面を出さないとできない技ですので、いかにして相手に面を打たせるのかが、第一のポイントになってきます。厳しい攻めだけでは、相手は間合の確保と打突の機会が見出せません。攻め合いの中で、相手が打ちを出したいという場面が必ず出てきます。その「打ちたい」という心を観る眼力が必要になっ

面返し胴

相手に面を打たせ、胴に返す

応じる際は必要以上に左拳を動かさない

てきます。いまだ表に現れない、未発の心を見抜けるかということですが、これは百錬自得、稽古で得るしかありません。次に厳しい攻め合いの中で相手が打とうという気が起こった際に、剣先を緩めてやることです。つまり、攻めて中心を取っていた自分の竹刀を、相手に取らしたと思わせることです。打突できる間合になり、機会が捉えることができたと思ったら、九割の人は打突すると思います。

眼に見える形は、相手が面に来たのを応じ返して胴を打ちますが、実戦では相手を面に誘って胴に返す、といったほうがよいかもしれません。しかし、これも百錬自得で、誘わなくても自然と応じ返しができる技術にならないといけないと思います。修行には段階がありますが、求めるのは「相手に従う勝ち」です。

応じる竹刀の箇所は、間合や相手の早さにより異なってきます。面に当たるギリギリまで、辛抱することが、相手の肘が伸びることになり、胴に隙が生ずるようになります。応じる際に右肘が曲がりすぎると、面を打たれてしまいますので、早く応じ過ぎず、また、応じが遅れないようにすることが大切です。

応じたときは足を動かさず、打つときに右足を出す方法と、応じたときに右足を踏み出し、左足を引き付けながら胴を打つという、二つの方法があります。どちらも間違いではないですが、身体の動きとの連動を考えたときには、私は後記のほうを勧めます。応じ技は、相手が自分のほうに距離を詰めてきますので、応じてから打つまでの時間は、できるだけ短くなくてはなりません。

私は、ときとして右足を僅かに右斜め前に踏み出すと同時に応じ、胴を打つ場合右足の前に左足を踏み出すこともあります。

有効打突の要件を満たしていれば、どのようにして打たないといけないという決まりはありません。

応じた際に、左拳が必要以上に大きく動かないようにすることも大切です。右手と左手が梃子の作用で、円滑な動きをする必要があります。

竹刀の物打で刃筋正しく胴を打つ場合は、竹刀が胴にピタッと張り付いた感じで打ち据えます。手の内が堅いと手首の返しも悪くなり、刃筋が立ちません。

相手とすれ違いながら、胴から竹刀が離れ（抜け）たら、相手のほうに向きを変えて残心をとり相手の攻撃に備えます。この場合、相手との距離を遠くにとる必要はありませんので、打った後の余勢はできるだけ少なく、三〜五歩程度としたほうがよいと思います。腰が引けた打ちにならないよう、適正な姿勢にも気をつけましょう。

小手返し面

左拳の運用が重要、右足で距離を調整して冴えをつくる

相手が右小手に来るところを、表鎬で応じながら相手の打った力を利用して、相手の裏に変化して面を打つ応じ技です。表で応じて表側で面を打つと前記のとおり、すり上げ面ということになります。

相手が右小手に来る際に、裏に変わらせないよう、剣先を右（相手の左側）に少し開きます。開きが大きすぎると、小手打ちの途中から面に変化されてしまいます。剣先の開きが小さすぎると、小手を打たれてしまいます。開く度合いは、相手との間合・相手が打つときのスピードなどにより異なってきます。

応じ技は、手首の返しが重要になってきますので、応じた際に

小手返し面

相手の小手を表鎬で応じて、面に返す

手の内に必要以上の力が入ってしまうと、返しが遅くなります。

構えたところから、応じたときの左拳、そして打ったときの左拳と変化するときに、短い動作をする必要がこの技では特に要求されます。相手が小手を打った後、力を更に入れたり、あるいは力が抜けるのが遅い相手に有効となります。

手足の連動は、応じるときに足を動かしても、動かさなくてもさほど問題はありません。打つときには、右足の踏みと同時に打ちます。この際に、相手が大きく踏み込んできますので、自分の踏み出す右足の距離に注意する必要があります。踏み込みが大きいと、打つ時間が掛かり鍔元に近い打ちになってしまいます。実戦では、踏み出すというより、右足をその場で踏み直す感じかもしれません。その際には、左足も必ず踏み直します。

小手返し小手

剣先の開き加減に注意。右足を左足に引きつけて打つ

相手が右小手に来るところを、表鎬で応じながら相手の打った力を利用して、相手の裏に変化して右小手を打つ応じ技です。

相手が右小手に来る際に、裏に変わらせないよう剣先を右（相手の左側）に少し開きます。これまでのところは、小手返し面と

小手返し小手

相手の小手を表鎬で応じて、小手に返す

ほぼ同じ動作になっていますが、応じるときに、左足を左斜め後に動かす動作が入ってきます。左側に体捌きをする関係から、剣先の開き加減にも注意する必要があります。小手返し面と同様に、相手との間合・スピード・踏み込みの距離を考慮して、左足を捌きます。捌きが大きすぎると、小手に届かなくなりますし、捌きが小さすぎると、打ちが相手の体に当たり、小手の部位を捉えることができなくなります。小手を打つ際は、右足を左足のほうに引き付けると同時に打ちます。

打った後は、相手から離れるようにする要領と、相手を自分のほうに接近させる要領とがありますが、双方の動きの中で判断すればよいと思います。

返し技稽古法
全習法と分習法を組み合わせて体得する

技の習得法はいろいろあると思いますが、私は以下の方法を勧めます。

●面返し胴を習得する要領

一、素振りの要領で正面を打つ→表鎬で応じてから、右足を右斜め前に踏み出し右胴を打つ。
二、素振りの要領で正面を打つ→一の胴を打ったところから表鎬で応じるときに右足を右斜め前に踏み出し、左足を引き付けると同時に右胴を打つ。
三、二の要領で打ち、その後相互に送り足で数歩進み向き合う。
四、三の要領のとき、面を打つほうが踏み込み足で行なう（速度を上げない）。
五、四の要領で、面打ちを徐々に小さく行なう。
六、五の要領で、徐々に速度を上げる。

●手首の返しを習得する要領

一、素振りの要領で足を動かさずに正面を打つ→表鎬で応じて、足を動かさずに右胴を打つ。
二、続いて一の要領で正面を打つ→右胴を打ったところからすかさず裏鎬で応じて、足を動かさずに左胴を打つ。
三、一の要領で正面を打つ→表鎬で応じると同時に左足を左に移動し、右足を引き付けると同時に右胴を打つ。

四、二の要領で正面を打つ→裏鎬で応じると同時に右足を右に移動し、左足を引き付けると同時に左胴を打つ。
五、四の要領で、面打ちを徐々に小さく早く行なう。
※三のときに左足前で打つ要領を覚えれば、開き足の習得にもつながります。

返し技に限らず、このような段階を得ての要領が、早く技を習得できると思います。習得の方法は、全体の流れの中で覚える全習法がよい場合と、部分部分を区切りながら、少しずつつなぎ合せる分習法から全習法に移行するやり方がよい場合があります。

応じ技は、表・裏を駆使すると共に、すり上げと返しの双方を、表裏一体の技として遣うとより効果的です。

末野栄二の剣道秘訣

すり上げ技
手首の柔軟性と強さが必要。手の内に力を入れすぎない

相手の竹刀をすり上げたときに生じた隙に、直ちに打ちを出さないと、その隙はなくなってしまいます。体さばき・手の内の作用・竹刀操作等高度な技術を要するのが「すり上げ技」です。すり上げは打突する手段で、目的は打突ですので、すり上げに力を使い果たさないようにする必要があります。とくにすり上げるときに、手の内に力を入れすぎないようにすることが大切です。

応じ技の場合は、相手が打ちを出さないと技を施すことができません。相手に打ちを出させる方法は、「返し技」を参考にしてください。

面すり上げ面（表）

すり上げを点で行なうと小さな動作で大きな効果が得られる

面を打ってくる相手の竹刀を表鎬ですり上げ、直ちに面を打つ技です。すり上げる時期は、相手の竹刀が自分の面に当たるところまで引きつけたほうが効果があります。肘が伸びはじめるときより、伸びが終わるときのほうが、相手はこちらの技に対応できなくなります。すり上げの時期が早すぎると、逆に相手から切り落とされる危険さえ出てきますし、遅いと面を打たれてしまいます。

すり上げの方法は、半円を描くような感じになります。半円が大きすぎると、すり上げてから打つまで時間がかかるため、間合が近くなってしまいます。半円が小さいと、すり上げの効果がなく、面に隙が見出せません。

体さばきは、相手と対したときの正面で打つ場合と、やや右に

面すり上げ面（表）

点で相手の竹刀を方向を変え、効果的にすり上げて打つ

体をさばきながら開き足の要領で行なう場合があります。打つ際の足遣いは、右足を出しながらすり上げ、床に足が着地すると同時に面を打つ方法と、右足をやや右にさばくときにすり上げ、左足を引きつけながら打つ方法とがあります。

私は、間合・相手のスピード・機会によって両方を使い分けています。前記は力強い打ちになりますが、理合に合うのは後記のほうです。体をわずかにさばく、すり上げもわずかですみます。すり上げというよりも、切り落としに近いのかもしれません。すり上げは、文字どおり、すって上げる動作になりますが、右斜め前に体をさばく力が竹刀に伝わると、小さなすり上げでも大きな効果があります。すり上げを竹刀の線で行なうのではなく、点で行なう感じと表現したほうがよさそうです。

すり上げるときに、腰が上にいってしまうと打ちが遅くなってしまいます。また、すり上げたときから打ちまでに左拳が大きく動く場合も、打ちが遅くなってしまいます。表すり上げは、跳び込み面を打ったあとに弛緩した相手の左腕が上がらないうちに打たなければ、左腕が面部を隠す感じになりますので、素早い打ちでなければなりません。

後ろにさばきながらすり上げる方法もありますが、十センチいや一センチでもよいですので、前に出るほうが最終的には有効打突につながってくると思います。

すり上げ面を打たさないようにバンザイする人には、返し胴に変化します。すり上げさせないように、竹刀を押さえ込む人、あるいは右手の強い人には、表ですり上げるようにして裏に変化する、面返し面が効果的です。

すり上げと返し、表と裏への変化しての打ちは、表裏一体の関係がありますので、技は多く習得したほうが当然、効果があることとなります。

面すり上げ面（裏）

相手を充分引きつけ、引き面の要領で後方にさばくと効果的

面を打ってくる相手の竹刀を裏鎬ですり上げ、直ちに面を打つ技です。すり上げる時期が早いと、打つ前の動作により相手の右腕が面部を隠した格好になりますし、すり上げ時期が遅いと、打ったあとの腕の弛緩で腕が上がりますので、面部を隠す格好になってしまいます。表すり上げよりも、少し大きめの半円を描くつもりですり上げるとよいと思います。引き面の要領で左斜め後に

下がりながらすり上げ、直ちに面を打つ要領が一般的です。体のさばきが早すぎると、相手が届かないと見越して、打ちの動作を止めてしまうこともあります。相手を充分引きつけて体を後ろにさばくほうが、効果的です。

また、左足を左横にさばきながらすり上げ。右足を引きつけると同時に面を打つ方法もあります。この打ち方は玄人受けする打ち方です。打つときに左拳が上がりすぎる傾向にありますので、手首を「切り手」にする必要があります。

すり上げ面を打たさないようにバンザイする人には、すり上げ胴に変化します。

表のすり上げも当然ですが、裏すり上げの場合も、打つ場合は自分の正中線が相手の中心に向く必要があります。すなわち、最初に動いた足の向きが相手のほうに向くようにする、開き足でなければなりません。

面すり上げ面（裏）

引き面の要領で相手を充分に引きつけて面を打つ

小手すり上げ面（表）

鍔元・物打部分。二種類のすり上げ面を身につける

小手すり上げ面（表）

右小手を打ってくる相手の竹刀を、裏に変わらせないで表鎬ですり上げ、直ちに面を打つ技です。この技は、鍔元ですり上げる方法と、物打部分ですり上げる方法の二とおりがあります。

物打部分ですり上げて面を打つ

鍔元ですり上げて面を打つ

鍔元ですり上げる方法は、表鎬でのすり上げですので、裏に変化させないよう、竹刀を開く必要があります。竹刀の開き具合は、角度が大きすぎると相手の打ち込んだ力に負けて、すり上げができなくなります。角度が小さければ、すり上げた相手の竹刀が滑って、自分の鍔を押す形になり、打ちまでつながりません。相手の力の入れ具合の判断は、ここではできませんので、すり上げる力をやや強くすると、この問題は解決できると思います。ただし、前記したように打つためにすり上げる訳ですので、すり上げに力を使い果たさないようにしなければなりません。

すり上げから直ちに面に変化することが理想ですが、タン・タンというゆっくりとしたすり上げからの打ちでも、効果がある場合もあります。少し大きめにすり上げ、相手の正面を打ちます。相手の竹刀が左にいったら「すり上げ面」、相手が自分の竹刀を押さえ込むようにしてきた場合は、「返し面」に結果的になります。

物打部分での表すり上げは、裏すり上げ面とほぼ同じ要領です。すり上げ技ですが、仕かけ技の張り・払い・押さえの複合した感じと思ったほうがよいかもしれません。

竹刀の開きが少なく、出る機会が早かった場合には、剣先の振り上げも少なくして面を打つと、表すり上げ面・乗り面・出ばな面の中間位の技になります。

裏鎬ですり上げようとして、表からの面打ちになる場合もありますが、有効打突の要件を満たしていればよく、この場合の考え方として、すり上げ技としての点数は〇点ですが、有効打突としては百点と思います。

手段と目的を混同させることなく、有効打突である一本をどう取るかを問題にすべきだと思います。

小手すり上げ面（裏）

相手が見えるまで振りかぶり、体当たりをする感覚で決める

右小手を打ってくる相手の竹刀を裏鎬ですり上げ、直ちに面を打つ技です。すり上げる位置は、自分の竹刀の剣先に近いほうが効果があります。また、剣先に近い位置ですり上げると、相手の体勢の崩れが大きくなります。小さく素早くすり上げ、打ちを出す必要があります。鍔元ですり上げようとすると、ほとんどの場合小手を打たれてしまいます。すり上げる前に、竹刀を左に開いてからすり上げに移行しようとする人も、小手を打たれる危険性が高くなります。左に開く場合は、竹刀の幅だけにし、相手の小手打ちを誘う程度と考えたほうがよいでしょう。

相手の打ちにもよりますが、小手の部位の深さからして、打つ強さは面打ちよりも力の弱いのが普通ですので、すり上げる力も少なくてすみます。相手の剣先が、自分の身体から外れる程度のすり上げで、面打ちが可能です。すり上げてから、右足を出す人もいますが、私は右足を出しながらすり上げます。体が出ながらすり上げると、すり上げる威力は倍増します。この場合に左足が後に動くと、打ち出しに遅れが生じ、間合が詰まり打ちが深くなってしまいますので、左足を動かさないようにすることも大切です。

打ったあと、跳び込み面と同じように突き抜ける人がほとんどですが、相手は目の前に来てくれているので、突き抜ける必要はないと思います。また、小手をすり上げられた相手は、防御のために体さばきをしますので、突き抜けようとすると、打ちが流れることもあります。

私は、打ったあとは相手の中心に向かいます。左手が下がったままだと、打ったときの腕構えが崩れますので、両腕の間から相手が見えるように振りかぶり、お腹で体当たりをするような感じで打ちを決めます。もし、打ちが失敗したら、振り上げた竹刀を振り下ろしながら、引き面を出します。

小手すり上げ面（裏）

右足を出しながらすり上げて面を打つ

上段に対するすり上げ技

すり上げ技と返し技を使い分けると相手に隙が生じやすい

上段からの片手面に対しての面打ちは、前記の要領と同じで、表すり上げと裏からのすり上げを使い分ける必要があります。また、表鎬ですり上げての左胴も効果的です。表鎬ですり上げてからの、面打ちと左胴打ちは表裏の関係にありますので、双方の技ができると効果は倍増します。

小手打ちに対しても、表鎬でのすり上げと裏鎬でのすり上げも前記と同じ要領です。

すり上げの変形ですが、小手にきたのを表鎬ですり上げ、面を打つように大きく剣先を回して、左胴に変化する打ち方もあります。打突後の対応が早い相手に、この技は有効です。打ち損じると、自分が空いている部位を防御しようとする動作が必ずあります。片手で小手を打ち損じた場合には、面が空きますので、防御しようとします。打とうとする瞬間は左胴は隠れていますが、その後相手が面を防御することにより、左胴に隙が生じます。

中段から片手突きにきた場合も、すり上げから同じような感じで左胴に変化することができます。

すり上げから打ちまでの時間を、できるだけ短くすることがポイントです。そして、打つ瞬間にためることにより、すり上げと返しを使い分け、左から右へ、右から左へ、上から下へ、その逆・またその逆の攻めにより打突部位は必ず隙を生じます。

その他のすり上げ技としては、小手すり上げ小手、面表すり上げ左胴、面裏すり上げ右胴、諸手突きに対するすり上げ面（表・裏）などがあります。

すり上げは、手首の柔軟性と強さが要求されますし、すり上げ後には直ちに打つという、一拍子の打ちができなければなりません。刀や木刀には形に表れる鎬があり反りがありますが、竹刀は直刀で鎬の部分は○形になっています。

私は、刀・木刀でのすり上げは手首を返しませんが、竹刀の時は、すり上げる強さを増すためにやや手首を返し、刃部が斜め下を向くようにしてすり上げています。

末野栄二の剣道秘訣

応じ技への応じ技
応じ技を封じて有効打突につなげる

打突部位は、わずか四カ所しかありません。その四カ所を攻撃しようとする側と防御する側に分かれるのみではなく、攻撃と防御が瞬時に入れ替わったり、心の変化等々、さまざまな要素が重なり織り込まれながら相手と対していく、剣道は難しい武道です。

技を施そうとした心が相手に伝わり、その逆手で攻め込まれたりもします。複雑多岐にわたる、これ程難しい競技（武道）も他には見られないと思います。しかも剣道は、これで良いというところはありませんので、常に自己の修養に努めるしか方法がありません。

打突する場合には、攻める→崩れる→打突する仕かけ技と、攻める→相手を引き出す→応じて打突する技が遣われますが、今回はもう一段上の、相手が応じる技に対しての対応する技を説明したいと思います。

自分が跳び込み面にいこうとした場合に、相手が表すり上げをしようとしたのを察知した時に、あなたはどうされますか？

そのまま面にいくと、すり上げ面を打たれてしまいますし、打って行かないと、また一足一刀の間合での攻防が続くことになります。相手の応じ技に対して、応じ技を施すことができると、相手の応じを封印できるだけでなく、有効打突を取ることもできます。

押さえ小手→相小手面

小手を相打ちにしてからすかさず面を打ち込む

跳び込み面への応じ技の定番の一つが、押さえ小手です。自分が跳び込み面にいこうとして、押さえ小手を察知した場合には、小手を相打ちにしてから、面を打ちます。小手・面の二段打ち（連続技）の要領です。

相手が跳び込み小手にきた場合にも、相小手から面を打ちますが、相手が跳び込んでくる場合と、こちらから跳び込んでいく場合とでは、相手との距離が変わってきますので、跳び込み小手にきた場合の相小手・面は、右足の踏み出しはわずかでよいですが、押さえ小手への相小手・面は、右足の踏み出しが少し大きくなります。竹刀の「物打」で面の部位を捉えられるように、足の踏み出しを調整する必要があります。

相小手は、競技性からは間違っていないかもしれませんが、武道性の見地からは自分も切られる訳ですから、切り（打ち）落とし技が正しいかもしれません。

押さえ小手→相小手面

相手の押さえ小手を察知し、小手・面を打ち込む

また、跳び込み面にいこうとして、相手が押さえ小手に来た場合には、小技の跳び込み面打ちではなく、少し大きめに振り上げて面を打ちます。形は、小手抜き面になります。右足の踏み出しが大きすぎると、物打で面部を捉えられませんので、踏み出す距離の調整が必要です。

皆さんも経験がおありと思いますが、大きな面打ちに対して押さえ小手は打ちにくいものです。面にいくのを少し大きく振り上げることにより、通常あるべき小手の部位が上に変化して、小手打ちを抜くこととなります。

面抜き胴→小手
胴を狙った相手の浮いた手元に小手を打つ

跳び込み面への応じ技の定番のもう一つが、抜き胴です。自分が跳び込み面にいこうとして、抜き胴を察知した場合には、小さく素早く小手に変化します。抜き胴を打とうする場合は、竹刀を振り上げる時には右足もわずかに踏み出しますので、自分の踏み

面抜き胴→小手

面抜き胴を察知し、面から小手に変化する

込みも小さくします。

右足が着地すると同時に打ちますが、小さいかつぎの要領で打つ場合もあります。その場合、自分の竹刀の振り上げは、出来るだけ中心から外れないようにしないと、相手は抜き胴に変化しません。見せかけの面打ちの動作では、相手に通用しません。

一方、面返し胴もよく遣われる技の一つです。返し胴を狙う人は、相手が動いたら返しの動作を始めますので、身体を出しながら竹刀を左肩の方にかつぐと、面にきたと思って剣先を上げて応じる動作をしますので、空いた小手を打ちます。

仕かけ技のほとんどが、右足が着地する時に打突が行われますが、かつぎ小手だけは、左足を引きつける時に打ちが行なわれます。かつぎが小さければ相手が反応しませんし、大きすぎれば打ちが遅くなったり、かついだところを面に乗られたりします。

表鎬で面すり上げ面をする人にも、かつぎ小手は効果があります。

面返し胴→かつぎ小手

面返し胴を察知し、かつぎ小手に変化する

小手すり上げ面→胴

裏鎬を遣おうとした手元の上がりに胴を打つ

跳び込み小手に対しては、裏鎬でのすり上げ面がよく遣われます。すり上げ面に対しては、小手→胴が効果があります。小手をしっかり打ちにいくと、すり上げ面を打たれてしまいますので、小手は当たる直前で止めて、胴に変化します。胴を打つ時の踏み込みが大き過ぎると、元打ちになってしまい有効になりません。小さく、素早く打つことが大切です。胴打ちは平打ちになりやす

小手すり上げ面→胴

小手すり上げ面を察知し、胴に変化する

小手すり上げ面→かつぎ面

小手すり上げ面を察知し、かつぎ面に変化する

いですので、手首をしっかりと返して、刃筋を正しくしましょう。打つ時の間合が近すぎる場合は、左手を右手の方に寄せることもあります。

また、小手すり上げ面に対して、一番効果があるのはかつぎ面です。かつぎ面を施すと、出端を打つのと同じようなタイミングで面を打つことができます。かつぎが大き過ぎると、竹刀同士が交差したりしますので、小さなかつぎでなければなりません。

小手すり上げに対しては、かつぎ面は効果はありますが、押さえ小手を待っている人には自分が打たれてしまいますので要注意です。

技の組み立て

我を捨てることが大切。相手に従いながら変化する

跳び込み面の実際の使用する場合の一例は、次のように変化します。

一、跳び込み面の仕かけ技を遣う。
二、跳び込み面を打とうと攻めて、相手を引き出して、跳び込み面にくるところを応じ技を遣う。
三、面にいこうとして相手の応じを察知したら、それに対する応じ技を遣う。
四、応じ技をすることを察知しても、打つべき機会が生じない場合は打たない。
五、応じる前に面を打つ。
六、面打ちを溜めて、応じるタイミングをずらして面を打つ。

このようなことを、攻めながら技を遣うこととなります。

一例は跳び込み面でしたが、面と思ったら小手に変化し、小手と思ったら面に変化する。仕かけようとして相手を引き出す等々、虚々実々の対応能力が必要となってきます。

応じ技を遣おうとする心が生じると、以心伝心という言葉があるように、必ずといってよい位に相手に伝わります。打つと思う心や打たれまいとする心も以心伝心、相手に伝わります。高段者になるにしたがい、無心で技を遣えるように修錬することが必要となってきます。

と言っても、なかなか無心になることが出来ません。しかし、昇段審査で合格された殆どの方が、いつ・どのようにして打ったのか覚えていないという感想をお聞きします。相手に自分が写らないためには、自分を捨てて無になるのが一番なのかもしれませ

ん。

今回、「察知」という言葉を多用してきましたが、無心になると相手を察知することや、自分が察知されることも不可能に近いということになります。打とうとする心や打たれまいとする心は、構えやちょっとした動作に現れてきますので、相手に察知されることとなります。

審査は六段のおおむね一分間から八段の二分間と短いので、かねてから早い時間に相手の動作を観察できる能力を身につけることが大切

ことという瞬間に技を出す。

ことという瞬間に変化する。

ことという瞬間に相手の動作に対応する。

これらのことが、「心気力一致」につながってくると思います。

導火線に着火して爆発するまでの、導火線ができるだけ短くなければなりません。導火線が長いと、火が伝わっている間に相手が対応してしまいます。

試合時間は五分間が基準となっており、相手をじっくり観察する時間がありますが、審査は六段の一分間から八段の二分間と短いですので、かねてから早い時間に相手の動作を観察できる能力を身につけることも大切です。

若い頃は、跳び込み面に対しての応じ技は、押さえ小手・返し胴・抜き胴・すりあげ面等々あると思っていましたが、最近はこの機会に、この間合で合致する技は一つでないかと思っています。

隙には「心の隙」「構えの隙」「動作の隙」の三つがありますが、前記した内容とも重複する部分がかなりあります。

相手に従うの勝ちあり、という言葉がありますが、相手と仲良くしながら剣道をしていると、相手に従いながら不思議の勝ちもついてきます。そのためには、「我」を捨てることが大切かと思います。

気・間・機が整い、和して初めて有効打突が取れるのではないかと思うこの頃です。

末野栄二の剣道秘訣

左足

左足は剣道の土台。間合を決めるのも左足である

「一眼二足三胆四力」のとおり、足の遣い方は、剣道においてもっとも大切なものと古来より教えられてきています。

構える時に、意識が手や腕にいきがちですが、建物を造る時と同じように、大事なものは土台であり、基礎固めであります。剣道においての構えの基礎は足構えであり、左右の足でも、軸足となる左足は、重要性がより高いものです。相手との間合を決めるのも左足であり、跳び込み面等の仕かけ技の際にも、蹴り足である左足が重要であります。

左足は、構えた時の身体、特に腰の安定度はもとより、呼吸との関連性、前進する時の方向性、有効打突に必要な打突の冴え、適正な姿勢との関連性も出てきます。

構えと左足
左足先の向きは若干外側に向くのが自然

左足の踵を上げすぎず、腰を安定させ、心気が上昇しないように構える

右足と左足の足幅は、中山博道先生著『剣道手引草』には肩幅と書いてあります。また、胸幅がよいと書いてある著書も沢山あります。体格によっても若干の変化はありますが、胸幅よりも狭くならず、肩幅よりも広くならないようにすることが大事だと思います。長時間身体を支える剣道からして、持久力と安定性からは肩幅がよいでしょう。

胸幅より狭すぎると、蹴り出す時の身体の動きは、いったん上にいってから、前方に移動することになり、効率性が悪くなります。

肩幅より広すぎると、右足の踏み出す距離が短くなり、近い間合からでないと打突することができなくなりますので、その分相手から打突される危険性が増すことになります。

左足の方向は原則的には、相手に向いているほうが、アキレス腱などの筋肉を駆使するためには効果的です。膝と足首の関節を、移動する方向に向ける感じが良いと言う人もいます。ただし、前記したように身体の安定のためや長時間身体を支えること、応じ技では左右の動きが必要になること、構えた時には右手右足前の右自然体となっていることなど、総合的に考えると、左足先の向きは若干外側を向くのが自然であると考えられます。高段者も意識の中では相手に真っ直ぐ向いていると思っているでしょうが、若干外側を向いて構えられている方が殆どです。

踵は床から二センチから三センチ離します。高すぎると、蹴り出す時に踵をいったん下げてからでないと出られません。踵が高いと、足幅が広くなりますし、膝後ろのくぼんでいるところの膕（ひかがみ）が曲がってきます。

膕は、張りすぎると出られなくなりますので、やわらかく伸ばします。下腿の骨を伸ばすのではなく、筋肉を自然と伸ばす感じがよいと思います。左手・左腰・左足が整って納まっていると、構えも美しく、竹刀にも身体の力が力強く伝わります。

　重心を体の中央におくためには、右踵よりも左踵が上がっているため、左足の方に重心をかけるほうが理に適っています。私は七割程度左足にかけた方が、しっくりいっている感じがします。「真人の息は踵を以てする」と言われていますが、八段取得者では踵が上がりすぎている人は見かけません。腰が安定していることは、呼吸法とも関連性が出てきます。腹式呼吸法（長呼気丹田呼吸法）等で、心気が上昇しないように心掛けることも大切です。

　左足の運び方は、右足と共に動かすことが大切です。『五輪書』の水の巻に、足遣いが書かれていますが、現代でも尊い教えだと思っています。

足構えが剣道の基礎

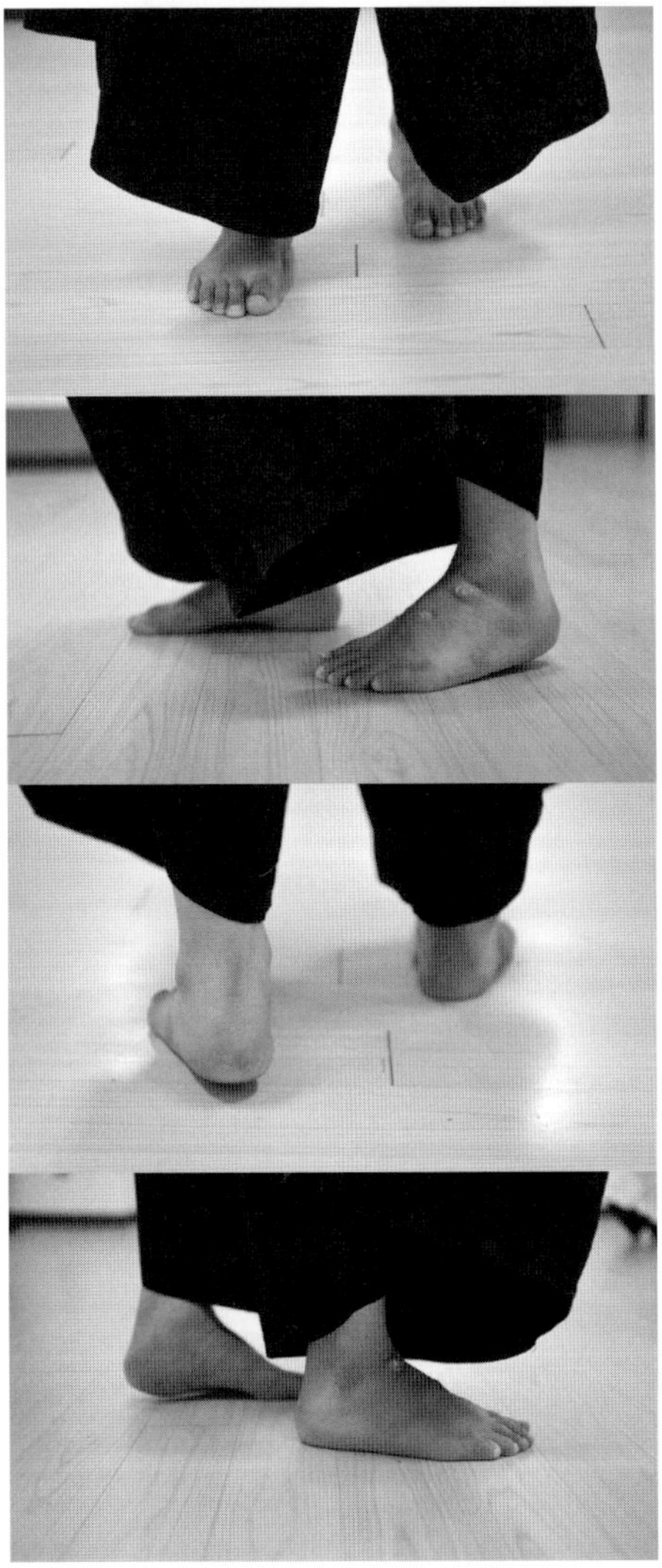

剣道において構えの基礎は足構えであり、左右の足でも軸足となる左足は重要性がより高い

——足づかいの事

足のはこびやうの事、爪先を少しうけてきびす踵を強くふむべし。足づかいは、ことによりて大小・遅速はありとも、常にあゆむが如し。足に飛足、浮足、ふみすゆる足とて、是三つ嫌ふ足なり。此道の大事にいわく、陰陽の足と云ふ、是れ肝心なり。陰陽の足とは、片足ばかり動かさぬ物なり。きる時、引く時、受る時までも、陰陽とて、右左右左と踏む足なり。返すがえす、片足ふむ事あるべからず。能々吟味すべきもの也。

　現代剣道では、構えた時には踵を少し上げており、蹠骨部の湧泉で立てと教えられましたが、『五輪書』の「踵を強くふむべし」の文字を理解できずにいました。範士児嶋克先生から先日、「湧泉で立つと呼吸が下までおりない。湧泉では重心が前すぎるのではないか。身体を支えるのは、左踵の中間あたりがよい」とのお話を聞き、実行は未だできませんが、合点がいった感じで、現在これに挑戦しています。

　左足と右手は、相関関係にあります。柄が長すぎると、構えた時に必要以上に肘が伸びますので、柄の長さにも気を配る必要があります。私は柄頭から柄の折込手前まで三十二センチとしています。鍔を付けると両手の間隔は、まだ狭くなっています。柄が十五ミリ程度伸びただけならさほど問題にしませんが、二センチ伸びたら構えた時に肘が伸びて、足幅が広くなってしまいます。また、右手（腕）に力が入ると、踵に力が入らず左足が死んでしまいます。左足の構えは、下半身だけではなく、関連するところにも気を配る必要が出てきます。

攻めと左足
左足を伴わない間詰めは剣先の威力が半減する

間合を測りながら、攻め入っていくのは右足ですが、『五輪書』にもありますように、必ず左足を伴うことが大切です。左足が残ってしまうと、打つぞ突くぞと攻め込んでも、剣先の威力が半減するとともに、踏み込む距離が短くなります。また、身体の安定が失われ、逆に相手から攻め返しを受けることにもなります。相手との間合を測る基準は左足ですので、足幅ができるだけ変わ

攻めと左足

攻め入るのは右足だが、必ず左足を伴うことが大切

左足が残ると剣先の威力が半減する

らないように引きつけることは、重要なこととなります。
右足にしたがって引きつける左足は、できるだけ素早く行なう必要があります。左足の引きつけが遅いと、機会をとらえても当然蹴り出すことはできません。

ここぞという場合には、やや外を向いていた足先を完全に相手に向けて、蹴り足の筋力を効率的にすることもあります。その場合は、丹田の左側を少し前に押し出すようにすると、腰がしっかりと入ります。

打突と左足

右足に向かって最短距離で引きつけると姿勢が崩れない

左足の引きつけは、有効打突を取得するためには重要となってきます。右足の踏み込みも大事ですが、むしろ左足の引きつけを重要視したほうがよいのかもしれません。

左足の蹴り出しは、打突する際には強ければ強いほど、踏み込みの距離が伸びることは当然です。また、蹴りが強いと床の反発も強いですので、左足の引きつけも早くなってきます。

左足の蹴り出し

打突する際、左足の蹴り出しが強ければ強いほど踏み込みの距離は伸びる

試合規則にありますように、有効打突になるためには、さまざまな要素・条件がありますが、適正な姿勢とは、構え→打突→打突後の残心までとなります。打突時のみではないということです。素振

左足の引きつけ

右足に向かって最短距離で引きつけると姿勢は崩れにくくなる

りは、左足打突、跳び込み技は右足打突と若い頃は思っていました。すなわち、前進素振りは、左足が引きつけられた時に打突が完了し、踏み込み足は、右足の着地とほぼ同時に打突しますが、適正（適法）な姿勢の意味を考えると、左足の引きつけがなされた時に打突の完了となります。

打突の冴えは、打突部位に触っている時間が短いほど、冴えるという研究結果があります。左手・左腰・左足の重要性は前記しましたが、右足で打突した時に、鋭い発声と左親指を相手の方に瞬間的に向け、右腕の力を抜くことを同時に行なうことにより、左腰が前に押し出され、左足の引きつけを早く行なうことができます。打突の冴え、身体の冴えにもつながってきます。

打突直後に竹刀が上がりますが、緊張した筋肉を弛緩（リラックス）させたために竹刀が上がるのであり、結果として打突の冴えになります。冴えをつくるために、打突後新たな力を加えて上げても冴えは出てきません。また、近年見られる、打突してから竹刀を上げないように、新たな力を加えることも、左足の引きつけが遅くなり打突の冴えがなくなります。手の内の作用は、竹刀の柄の持ち方、打突の際の両手の調和、筋肉の緊張と弛緩等の総合的なことからなっていることを、忘れてはならないと思います。

左足を引きつける際には、踏み込んだ右足のほうに最短距離で引きつけます。その際、右足よりも前にいかないほうが、時間的にも早くなり、体勢が安定し、冴えも生まれます。左足を蹴り上げて、後方から極端に足裏が見える引きつけ方は、顎が上がった打突になりますので注意が必要です。

素早い左足の引きつけは、体勢の安定につながり、右手の筋肉の弛緩と相まって、打突が不十分だった時には、二の太刀、三の太刀へと連続打突に移行することができます。

技別左足の使い方

左足を引きつけたときに打つ技もある

仕かけ技では、かつぎ小手が左足での打ちになりますが、その他のほとんどの技は、右足の着地と同時になされます。

しかし、応じ技では、後ろ足である左足を引きつけた時の打ちも多く用いられることから、右足での打ちと同様に習得する必要があります。

その要領は、素振りのやり方とほぼ同じです。正面打ちの素振りは、右足を出しながら振り上げ、最大限に振り上げた時に、右足が出終わった時となり、振り下ろしに移行する時に左足が前に動き出し、左足の引きつけが終わると同時に正面を打ちます。

応じ技では、相手の竹刀を応じた時や体をさばいた時が、素振りの最大限振り上げた時と同じとなると思ってください。

右側に体さばきをする場合は、右足でさばき左足を引きつけるのと同時に打ちを出します。主な技は、面返し胴・面すり上げ（表）面・面抜き胴です。

左足と仕かけ技

仕かけ技は、かつぎ小手以外は右足の着地と同時になされる

左足と応じ技

左側に体をさばく場合は、左足でさばき右足を引き付けるのと同時に打ちを出します。主な技は、面すり上げ（裏）面・小手返し小手・小手抜き小手です。

この技は、右足で打っても有効打突になりますが、体の運用からいくと、後ろ足で打つ方がより効果的です。

剣道形では、後ろ足の引きつけと同時に打突が完了します。後

応じ技は、後ろ足である左足を引きつけた時の打ちも多くある。剣道形では、後ろ足の引きつけと同時に打突が完了する。後ろ足である左足の引きつけを早くすると、刀の振り下ろす速度が早くなり、打突の冴えも出る

ろ足である左足の引きつけを早くすると、刀の振り下ろす速度が早くなり、打突の冴えも出てきます。

稽古時に、後ろ足を早く引きつける打突はかなり疲れます。慣れないと特に疲れが激しくなります。故事に「千里の道も一歩から」の教えがありますが、まず一歩を踏みだし、二歩・三歩と歩を徐々に進め、目標に向かっていくことが、剣道上達の秘訣だと思います。

末野栄二の剣道秘訣

右足
間合の駆け引きは右足。腰を安定させて出足を鋭くする

構えは、自然体が一番美しいし、理に適っていると思います。しかしながら、「自然体とは」と問われると、返事に窮してしまいます。自分に備わっているあるがままの姿勢で、竹刀を持って移動（体さばき）および攻防に無理が生じない、無意識的な体勢が自然体と考えればよいと思います。

「一眼二足」の教えにありますように、姿勢の中で重要なのは、足構えです。相手との距離を測るのは左足ですが、攻め入っていくのは右足です。相手との微妙な駆け引きも右足で行ないます。右足をわずかに前後左右に移動することで、自分に有利な展開にもっていくことが可能となります。

右足と構え

右膝のこりをなくして重心を両足の中間にかける

構えたときの重心は、両足の中間にあることが大切です。最近の構えの特徴として、右足に重心がかかり過ぎて、左足が遊んでしまう傾向にあります。気持ちは、「前にかかる」ことが大切ですが、重心はあくまで両足の中間でなければ、前後左右への自由な足さばきができませんし、懸待一致の攻防もできないことになります。前および右への足さばきは、左足で踏み切りますが、後ろおよび左への足さばきは、右足で踏み切ります。審査では、後や左への足さばきはほとんどありませんが、構え方からすると、どの方向にも瞬時に移動できる構え方が必要です。

右踵は紙一枚入る程度に上げるという人もいますが、この教えは、紙一枚入る程度の心持ちと理解したほうがよいと思います。右踵を上げると重心が上がり、腰の座りが悪くなりますし、呼吸も浅くなります。右足で床を軽く踏んで、右足をサッと動けるようにしなさいという教えと、考えたほうがよいと思います。

相手との距離を測るのは左足だが、攻め入るのは右足。右足をわずかに前後左右に移動することで優位に立つ

足のみでなく、右脚全体にも構えがあります。右膝はこりのないようにします。曲げすぎると、重心が右足にかかりすぎます。また、曲げすぎると右足首にも負担がかかり、右足を出すときにブレーキがかかった状態になり、打突に渋滞が生ずることになります。

相手との距離を測るのは左足ですが、攻め入っていくのは右足です。右足がサッと出る構えの人は、攻めに勢いが感じられます。相手との微妙な間合の駆け引きも、右足をわずかに前後左右に移動することによって、自分に有利にもっていくことができます。

踏み込み足

斜めの角度で右足を踏むと、余勢が前方に伝わる

剣道は、相手が五と来れば五と応じ、三と来れば七と応じる等常に「調和」が大切であると思います。右足を大きく踏み込むことは大事ですが、ここにも調和が必要です。

右足の踏み込みが大きすぎて、

・時間がかかりすぎていないか
・左足がついてこないのではないか
・体勢が崩れるのではないか

等々は、一足一刀の間合からは外れていると言わざるを得ません。体勢が崩れず（適正な姿勢）、物打で打突部位を刃筋正しく打突できるもっとも遠い間合からの踏み込みが、調和できる一足一刀の間合と考えたほうがよいと思います。

踏み込みのときに足を出すのは、足の付け根を支点としてではなく、股関節を支点として踏み出すことが、距離を伸ばすのには当然有利になってきます。

踏み込み足

体の運用は、腰の水平移動による推進力が必要。足裏全体が床に一緒につくように踏み込む

左足は「カギ足」にならないようにと言われますが、右足に対してT字になるような左足の構えは見られませんので、足を高く上げて、直角に床を踏みつける足の使い方を「撞木足」（撞木とは、鐘などを打

ち鳴らす棒のこと）という説もあります。踏み込むときに上げた足が直角に床を踏むのではなく、前方に斜めの角度で踏み込み、足裏全体が一緒につくようにし、踏み込むときの余勢が前方に伝わっていくようにするとよいと思います。

体の運用は、腰の水平移動による推進力が必要ですので、「手で打つな足で打て、足で打つな腰で打て、腰で打つな全身で打て」の教えが生きてくると思います。

前記したように、床に対して右足を直角に踏み込むと、踵を痛める原因になります。足で床を踏むのではなく、わたしは腹筋力を利用し、肚力で踏むようにしています。これまでわたしは踵を一回も痛めたことがありません。最初に基本を教えていただいた先生に感謝しています。

右膝の使い方も重要です。踏み込んで着地したときの右膝は、若干曲がってゆとりがあります。曲がった右膝を早く伸ばすことにより、左足の引きつけが早くなり、体勢が早く整うと同時に、打突に強さと冴えが生まれることとなります。最初は一人稽古で、三十センチから五十センチ程度踏み込んで、膝を素早く伸ばす動作から覚えると、感じがつかめると思います。

また、上体、とくに腕との関連性も大切で、打突する際に肘が早く伸びてしまうと、右足の踏み込みが弱くなる傾向になります。『五輪書』にも次の記載がありますので、参考にしてください。

「しゅうこうの身と云ふ事」

秋猴（しゅうこう・手の短い猿のこと）の身とは、手を出さぬ心なり。敵へ入身になりて少しも手を出さぬ心なり。敵の打つ前、身を早く入る心なり。手を出さんと思へば、必ず身は遠のくものなるによって、総身を早くうつり入る心なり。手にて受合いする程の間には、身も入りやすきものなり。

打突と右足

仕かけ技も応じ技も右足を相手に向けておくことが大切

仕かけ技で打突する場合には、相手の中心に向かって打突しますので、右足先は相手のほう、すなわち真っ直ぐに向いている方が効率的です。右足を大きく踏み出しますと、左腰が開いて半身になりがちですので、わたしは丹田の左側を押し出すような感じにして踏み込みます。

応じ技の場合には、胴打ちの場合は送り足が一般的ですが、その他の技は、開き足が主流になります。右に開くときは、右足先を相手のほうに向けますので、内股になるような足遣いをすることになります。神道無念流に、「三寸横に動けば、相手は隙だらけ」との教えがあります。

わたしはたったの三寸ではいまだ変化できませんが、開く際には相手の竹刀をできるだけ引きつけて、小さく体をさばいて応じられように努力しています。当然引きつけられる左足も、相手の方に向かなくてはなりません。わたしは、日本剣道形小太刀の一本目および二本目で、引きつけの要領と左右への体さばきを習得しました。

仕かけ技、応じ技によって右足の使い方は異なるが、どちらも足の向きを相手の方向に向けておくこと

左に開く場合は、左足から先に動く場合と、右足から先に動く場合がありますが、足の向きは相手のほうに向けなくては、打つ際に左拳が正中線から外れて有効打突となりません。

開き足は、左右に変化することになりますので、どの方向にも足が出るためには、重心の位置は、両足の中央が望ましいことになります。

ただし、実戦では前に行く場合は重心は前に行きながら、後の場合は重心が後ろに行きながら打ちを出したり、防御したりすることとなります。体が傾いてから重心が移動すると、相手から見破られたり、打突に時間がかかってしまいますので、重心の移動と足さばきは、ほぼ同時に行なわれることが理想です。

右足と打ち間

ミリ単位の間詰めが攻めにつながる。色は虚になる

間合の攻防で、あと少しで打ち間に入るという所まできた場合には、蝸牛《かたつむり》が進むようなゆっくりとした足さばきで、気持ちとしてはミリ単位で間合を縮めるようにしたほうが、対応できる確率が高くなります。含み足といって、尺取り虫のような足指の使い方で間を詰める方もいます。

通常は、間合をわずかに詰める場合は継ぎ足を、それ以上詰める場合は送り足を使いますが、どちらにしても間を詰めることが「攻め」につながればよいのですが、「色」になってしまうと逆にそこを打突されます。「色」はすなわち「虚」になるからです。わたしは継ぎ足は苦手で、届く間合までジワッと少しずつ詰めていきます。

間合を詰めて（攻めて）打突できる距離まで入っても、機会が瞬時に生まれない場合もでてきます。その時、右足の出方が早すぎると「気負い」になりますし、遅すぎると「居つき」なってしまします。「気負い」と「居つき」との間に、所謂「溜め」があります。この「溜め」は言葉では言い難く、百錬自得するしかないと思います。

わたしの右足は、以前は遠くへ踏み込もうとして高く上がっていましたが、最近は体力が衰えた分、床と離れる高さが低くなったように感じます。ひょっとしたら、体力の衰えよりも、理に適った足遣いになったのかもしれません。踏み込むときの右足の高さが低くなってからは、踏み込む途中で相手が防御した場合など、左右への変化ができるようになりました。

右足の踏み込む距離を伸ばすためには、打ち込み稽古が一番ためになります。元立ちの引き立て方にもよりますが、体勢を崩さないように気をつけて、右足をできるだけ踏み出すように心がけ

間合の攻防で、あと少しで打ち間に入るというところまできた場合には、蝸牛が進むようなゆっくりとした足さばきで、間合縮めるようにしたほうが、対応できる確率が高くなる

ることで、遠い間合からの打ち込みは、勢いのあるものになります。精神的には、掛かり稽古によって、元立ちの剣先を恐れず、返し技で打突されることを怖がらずに、間合に気をつけながら、ひたすら気力と呼吸の続く限り掛かることにより、目的が達成されることと思います。掛かり稽古の場合は、仕かけ技が主体になりますので、体の中央にあった重心を、素早く前に移動して掛かります。

右足と居つき
腹のすわりで腰を安定させると相手の打突に対応できる

打突の機会に、「居付いたところ」があります。相手に攻められて、打たれる瞬間は左足は後にさばいているものの、右足が伴っておらず、両足が広がり、体が半身になって剣先が相手の体から外れています。この状態を少なくすることにより、相手から打突される事が少なくなると思います。足を常時動かしていても、攻められた瞬間足が居つくと打突されてしまいます。打突されないためには、相手が打突しようとした瞬間、あるいは打突がまさしく行なわれようとする瞬間に、足さばきをすることができるかが重要となってきます。「居つき」は心理的なことが、体に現れてくることになります。

足を小刻みに常時動かすと、気位が出てきません。腹の座りを含めた腰の安定感は、足に出てきます。床をジワッと踏みながら、構えの安定感を出し、動く時には瞬時に活動することが重要では

打たれる瞬間は、左足は後ろにさばいているものの、右足が伴っておらず、両足が広がっている。この状態を少なくすることで、相手から打突されることが少なくなる

ないかと思っています。

「静から動」、ここに剣道の美しさ、判断力、決断力、実行力が凝縮されているような気がします。

構えたときの美しさと、動きだした時の力強さを、わたしは目指していますが、最終目標は「心気力の一致」にほかなりません。

末野栄二の剣道秘訣

左手
前腕中心の延長に左中指。自在な竹刀操作を実現する

竹刀の握り

左手人差し指を若干上に向けて手の内の力を竹刀に直送する

刀の握りについては、『五輪書』や古来の文献等に詳しく記載されていますが、相手を打突するためには、どのような握り方をしたほうが効率的であるか、ということに尽きると思います。

日本刀・木刀・竹刀を同じように握れといわれますが、刃部の長さが違いますし、柄の形が刀は扁平、木刀は楕円、竹刀は円形という形状及び柄の長さも違いますので、握り方は若干の相違があると思います。

親指は、人差し指と中指の中間（中指の末節骨に親指が乗っかる感じ）に持っていき円を作ります。指は、柄に対して斜めに掛けます。指と柄の角度が直角になる握り方は、打突の際に物打に力が入りません。小指の末節骨と小指球（なにも持たないときに拳を軽く握ったときに小指先が着く手の平の部分）で柄頭を軽く包みこみます。小指の中節骨と基節骨は柄にはほとんど掛からない状態です。小指の先端が、柄頭に掛かりますが、甲手を着けた場合は、甲手の内革に弛みが生じて、打突の際にすべることがありますのでわずかに余します。

小指・薬指をわずかに締め、他の指はやんわりと柄を包み込むようにします。あまりにゆるく握ると、遊びの部分ができてしまいますので、指に力を入れたら即竹刀に伝わるように握る必要があります。また逆に強く握り締めていると、打突に移る際、力を抜くのに時間を要してしまいます。

宮本武蔵『兵法三十五箇条』の「太刀取様の事」に「うでの上筋弱く、下すぢ強く持也」とあるように、小指側の下筋に力が入るよう竹刀を持つことが大事です。

柄頭を支点として竹刀操作を覚え込む必要があるため、初心のときはしっかりと小指を締めるよう握りますが、操作要領としての太刀筋が身に付いたならば、出来るだけ小指の力を抜いて柄を握りましょう。他人が竹刀を前から引いた場合、抵抗が少しあるもののずるずるっーと、抜ける位の力で握る感じです。握り方がタマゴや雛鳥に例えられますが、ゆる過ぎれば落ちますし、握りが強ければ割れますので、程々の加減を体得することが大事です。竹刀を早く振ろうとして、若い頃は握りを強めていましたが、手の内の力と腕の力の関係を考えると、竹刀を上下に振る力は主に腕の筋肉ですので、手の内の力は抜いていたほうが、攻めと打突に威力が増してきます。

剣先の延長線を、左眼にするか両眼の中央にするかで左拳の位置が変わってきます。私は左眼に付けるようにしていますので、左手親指の付け根の関節が正中線となります。

　年数を重ねるにつれて、下筋が働くようになったのか、構えたときの左手の位置が若いときより高くなりました。左拳の位置が低いと上筋に力が入ってしまいますので、おおむね臍を基準として、下筋に力が入る位置に左拳を置くように考えるとよいと思います。

　左拳を一拳半程度体から離し、親指と人差し指の分かれ目を峰（竹刀の弦）の延長線に持っていきます。剣道の心得がない人に竹刀を持たすと、斜め横から竹刀を握ってしまいますが、この握りから、両手の親指と人差し指の分かれ目が弦の延長線上にくるように握ると、両手の連携で自然と「茶巾絞り」になっていると

指を柄に対して斜めに掛ける

親指は、人差し指と中指の中間に持っていき円を作る。指は、柄に対して斜めに掛け、打突の際、物打に力が入るようにする

指と柄の角度が直角になる握り方は、物打に力が入らない

人差し指を若干上に向けることで、手の内の力が竹刀に即伝わるようになる。柄の縫い目の部分と握りの間に爪楊枝一本が入る程度にわずかに手首を返す

考えた方がよく、あとは指の使い方次第で手の内は変わってくると思います。このときは軽く握り、絞り切らないことが大事です。とくに甲手を着けたときに、入れすぎてしまう傾向があります。甲手の作りの関係で横から握っているように見えますが、あくまで素手のときが基準となりますので、入れすぎには注意する必要があります。

　前腕中心の延長線上に、中指があると力の働きがよくなります。このようにして竹刀を握ると、手首にしわができません。このときの手首を「切り手」と呼んでいます。こうすることにより、背筋から僧帽筋等の力が上腕・前腕に効率的に伝わり竹刀操作が効率的にいくようになります。

　ただ、この握り方では百メートル走の場合では位置についただけで、「ヨーイ」の姿勢になっていません。握ったところから、剣先が動かないようにしながら、人差し指を若干上に向けることにより、手の内の力が竹刀に即伝わるようになります。柄の縫い目の部分と握りの間に、爪楊枝一本が入る程度に僅かに手首を返します。最初から、このときの握りをしようとすると、手首が上に折れてしまう「留め手」になりますので、注意を要します。

　親指と人差し指は、打突時には力を入れますが、構えたときには柄に軽く触れている感じです。五輪書に「浮ける心にもち」となっていますが、「浮かべなさい」ではありませんので誤解しないようにする必要があります。

　なお、手首には力が入らないよう柔らかくしておく必要があります。相手から竹刀を巻かれた場合でも、手首が柔らかいと竹刀が落とされません。

　五輪書に「有構無構」の教えがありますが、剣道は常に相手があり動いておりますので、その時々に相手に対応できる構え（握りの変化）も必要となります。したがって、原則はありますが常に即応できる握り方が要求されます。

打突と左手

肘を伸ばしすぎない。手首を支点として物打に力を入れる

　打突する際に左手の上筋に力が入ると、左拳が下がりながら剣先を起こしてしまいます。そうすると、竹刀が立つために刃部が見えるのが早くなり、相手に出る瞬間が判ってしまいます。したがって、下筋を遣い、柄頭を支点として、剣先を先に動かすよう

左拳は構えた位置から面に当たったときまでの移行距離が短いほうが、時間的にも有利になる。素振りは水月、踏み込み足のときは乳の高さから上がらないようにし、面打ちは、頭頂部ではなく額上部（面）を狙うことが大切

竹刀操作をする必要があります。振り上げるときは小指の力が緩んではいけませんが、振り上げの最大時には小指の力は一瞬抜けないと、打ちに移行するまでの早さ、打つ強さに影響が出てしまいます。

稽古や試合では、小技で打ちを出しますが、小技のときも大技のときと同じ太刀筋を通るようにしなければなりません。大技と小技の差は、左拳の下から相手が見える程度に振り上げるか否かですが、別な表現をすると左脇と腕の角度が大きくなるのか、小さくなるのかの差ですので、角度を違わした円運動と解釈すればよいと思います。小技でも肩を支点として、動きは僅かですが上腕が遣われなければなりません。

小技では「手の内」の作用が大きく影響することとなりますが、大きく振り上げる動作と同じ打ちの強さをするためには、手の内に若干の遊びが必要になります。車のハンドルやブレーキにも遊びがありますが、左手の握りにも、ある程度の「ゆとり」が必要となります。ゆとりが大きければ、竹刀が動き出すまでに時間がかかってしまいます。この「手の内」は稽古で体得するしか方法はないでしょう。

左拳は構えた位置から面に当たったときの位置までの移行距離が短いほうが、時間的にも当然有利になってきます。面に当たったときの左拳の位置は素振りでは、水月の高さ、踏み込み足のときには、乳の高さから上がらないようにすることが大切です。乳の高さから上がってしまいますと、左脇に隙間ができてしまい打ちが弱く、また、刃筋にも影響が出てしまいます。私自身でも届かせたい気持ちが強いときは、左拳が上がりすぎる傾向にあります。「面打ち」は、頭頂部ではなくあくまで額上部（面）を狙うことが大切であることを常に反省しています。

打突時には肘を伸ばせといわれますが、伸ばしすぎているのが現状です。刀の場合は、右手を基準として左手は指二本分くらい離して握りますので、右自然体であることと左右の手の間隔を考えると、右肘と同じくらい左肘を伸ばしても問題はないと思いますが、竹刀の場合は両手の間隔が離れています。面に当たったときの右手を基準として、左手の位置を考えると、肘が曲がってはいけませんが、伸びすぎるのもいけません。右肘よりも左肘の方がゆとりがあるのが当然だと思います。肘を伸ばすのは、あくまで物打に力が入るように伸ばすことが大切であって、伸ばすことが目的になってはいけないと思います。

打った瞬間は肘にゆとりがあっても、初心のときに指導された「伸ばせ」が身に付いているため、打った直後に肘を伸ばしてしまい、バンザイの姿勢になったり、物打が手前に引かれて有効打突にならないことが多分にあります。

打突した際には、手の内をわずかに締めますが、親指と人差し指の分かれ目の位置は、構えたときと同じ弦の延長線上になければなりません。構えたときの肘の角度から打突するために肘を伸ばしていくと自然と「茶巾絞り」になっていきますので、指先に力を入れる感じで手の内を締めると共に、手の内で行う右手の「押し手」と、左手の「引き手」のテコの作用により物打に力が入っていきます。

打ったときおよびその後は、手首を支点とし、左手首の位置を出来るだけ変えないようにします。変える際には、振り下ろした方向に若干上がることは仕方がないかもしれません。

手の内の締めも、絞りすぎる傾向がありますので、あくまで物打に力が入るようにして軽く締めることが大切です。締めすぎて、物打に力が入らず、さらに大きな力を要してしまうという、悪循環にならないように気をつける必要がありますが、打突の際には物打に力が伝わるよう、全身の力で行動を起こすことが大切です。

体さばきと攻め

左拳の位置は変えない。竹刀の身幅で体をさばく

相手との攻め合いのなかでは、常に体さばきが要求されます。その際に左拳の位置は、体からの距離および高さなどを変化させないことが大事です。このときに左拳の位置が変わってしまうと、一番大切な打突の動作に影響が出てしまいます。肘が伸びてしま

攻め合いは正中線の取り合い。剣先は相手に即応できるよう、上下に動かしたり、相手の竹刀を押さえたりの動作が入るが左手で調子をとらないことが大切。左手はできるだけ動かさないようにして、主に右手のわずかな動きで正中線の攻防をする

うと、とくに打突の隙につながってきますので注意を要します。

攻め合いは、正中線の取り合いですので、左右の動きは竹刀の幅だけの足さばきで、十分体さばきができます。

剣先は相手に即応できるよう、上下に動かしたり、相手の竹刀を押さえたりの動作が入りますが、左手で調子をとらないことが大切です。左手はできるだけ動かさないようにして、主に右手のわずかな動きで正中線の攻防をすることになります。

昔から、「左拳は剣道の命である。左拳が動くということは、心が動くということだ。左拳が動きすぎれば『心が踊る』」といわれています。防御の際に左手が臍の前から離れるほど、心の動きも大きくなります。現在よく見られる、左手を頭の高さまで上げての防御は、昔は見られませんでした。剣道形四本目のように左拳を大きく上げるのは防御するためではなく、相手を打つために行なうための体さばきを伴った竹刀操作です。防御のみに偏する竹刀操作は、剣道そのものの評価が低くなります。

「剣先が生きる」ためには、打つぞ・突くぞとの心の作用が、丹田から、背中・肩の順に左手（とくに小指）を経て剣先に伝わることが大切です。

攻めているときにも相手の変化について応じられる状態であると同時に、相手から攻められたときでも、直ちに攻め返すことができるためには、左手の握りの強さ、左拳と身体との距離、腕の力の配分を出来るだけ変えないことが大切です。

指の操作

攻撃や防御で必要な指の操作。両手の調和が大切である

指の操作は、打突しようとする際や相手から攻撃を受ける際等に、わずかに力をいれて対応する必要があります。瞬間的に力を入れることがあっても、いつでも打突できることを考えると、すぐに力を緩めることが必要です。筋肉の緊張と解禁が瞬間的になされなければなりません。両手の調和も大切ですが、片手の中であっても、親指と残り四本の指との調和も大切です。

とくに打突の際に、右の手の内は「押し手」、左の手の内は「引き手」と言われていますが、微妙なる「手の内の作用」が打突力を強めたり、打突時の冴えや刃筋を正すことになります。

打ち下ろす位置が顔の中心までか、顎下までにするかは、間合や技によって変わってきます。例えば出ばなはあまり強く打つ必要はありませんが、引き技は強く打つ必要があります。このとき、右手の「押し手」との調和で、「左手の内」をどの程度引くべきかの、調和が必要となってきます。このときの調整の役割を、左手の人差し指が担っています。つまり、物打にどの程度の力が必要かの役割を果たしています。具体的には、打つ際の右手の力の強さで剣先が下に落ちるのを、小指と小指球で柄頭が上がるのを防ぐと同時に、左手の人差し指で竹刀が下にいくのを止めて、テコの作用により打突に強さと冴えを出します。

ただし、人差し指の働きが早すぎると軽い打ちになったり、打ち切っていない動作になりますので注意する必要があります。打突後は、左人差し指の引きと、左親指を相手の顔面の方に直ちに向ける動作が同時に行われなければなりません。

この動作は、手の内でやるべきですが、肘でやってしまいますと肘が伸びてしまいますので、前記したように有効打突にならないことが多くありますので、注意する必要があります。

打突後は、左拳は打突したときの左手首の位置を動かさないようにしながら、手の内の力は直ちに抜いて、構えたときとほぼ同じ力になることが大事です。そうすることにより、姿勢が安定すると同時に、一撃が失敗した場合、次の打突に即移行することができ、二・三段の打突につながっていきます。

数年前、不注意から左手小指を十針縫うケガをしたことがあります。抜糸する前に稽古をしたときに、竹刀操作ができないと思っていましたが、意外や意外、残り四本の指で、問題なく竹刀を振ることができました。振り上げは、支障ありませんでしたが、

指で打突の冴えをつくる

打った瞬間は小指の締めができず、冴えがありませんし、小指球が緩んでいるため竹刀が思ったところで止まりません。

そこで思ったことは、竹刀の操作要領は太刀筋がしっかり身についていればよく、左右の力のバランスが必要であるということでした。怪我の功名とはこのことでしょうか。左の小指と柄頭の関係をよく言われますが、刀は右手を基準として左手の位置が決まり、刀の構造からしても柄を余して握ります。木刀は刃部および柄の長さが決まっていることから、左手の位置も決まってきま

竹刀の振り上げは小指を使わなくても可能。ただし、打突の瞬間は小指の締めができず、冴えが出ない

右手の「押し手」との調和で、「左手の内」をどの程度引くべきかの、調和が必要となる。このときの調整の役割を、左手の人差し指が担っている

すが、竹刀は全長と柄の長さは各自違います。右人差し指が鍔から僅かに離れることは、鍔が拳を守るという性質上問題はないところと思いますが、柄頭を握る左小指の位置については、今後もさらに研究したいと思っています。

各文献での左手の位置は、次のとおりです。

・小指を柄頭いっぱいにかけて（剣道指導要領・全剣連）
・柄頭が半ば小指に掛かるよう（高野佐三郎）
・柄頭をわずかに余して（三橋秀三）
・小指が九分ぐらい柄頭にかかるように（高野弘正）
・柄頭から小指が出ないように（出典不明）

各指への力の入れ方は、相手に対応するために都度変化しています。小指には小指の、親指には親指の、他の指もそれぞれそのときに応じての役割があるということです。神様が人間に与えて下さった身体の一部を、バランス良く最大限に使い切ることが大切ではないかと思います。このバランス良くが、なかなか上手くいきませんので、反省の連続です。

末野栄二の剣道秘訣

右手

剣先の働きは右手と直結。肘の動かし方にも注意する

剣道は「左手は支点、右手は力点」と教えています。自分の心の動きが左手に現れるのに対して、右手は常に相手に対応できなければなりません。右手は、水先案内人のように、刀の方向を定めるのが主な役割であるとも言われていますが、打突する際や防御する際等、右手は重要な役割をもっています。

構えた場合の手の内は、力を抜くことが重要ですが、腕にはある程度力を入れておく必要があります。傘の保持が例えに使われますが、常時力を入れていれば疲れます。しかし、いざというときに力を入れなければ、傘は吹き飛んでしまいます。腕の力の入れ具合は、このような考え方でいればよいと思います。

打突については、後記しますが、切り始めから切り終わりまで、太刀筋（刃筋）が正しければ、もう少し右腕（力点）に力を入れてもよいように思います。すなわち両手の力の調和が大事であって、左手だけで打突する訳ではありません。これは素振りと大技の面打ちで身につけることができます。正面打ちは、竹刀をまっすぐ振り上げてまっすぐ振り下ろすだけです。右手に力の入る人が多いため、左手・左手と厳し

正面打ちは、竹刀をまっすぐ振り上げ、まっすぐ振り下ろす。右手と左手の調和が取れ、太刀筋がしっかりしていれば右を使うことはさほど問題はない。受ける太刀を打つ太刀にただちに変化できるような右手の使い方を覚えることが大切

く注意されるのであって、調和が取れ、太刀筋がしっかりしていれば、右手を使うことはさほど問題はないと思います。

防御については、確実に打たれないようにすることも大切ですが、「受ける太刀は打つ太刀に」変化する必要があります。したがって、打たれないところと、ただちに打てるところの調和を見つけ出す必要があります。防御一辺倒では剣道は台無しです。左手は構えたときの臍前の位置から、防御のときもあまり動かしませんので、防御の際に間合・技の種類等で右手をどの位動かせばよいか、応じ技に変化するときに大切な剣先の動きが、右手の動かし方で変わってきます。

受けるのも、打つのも右手の役割は大です。さまざまな剣道家を見てきましたが、「わたしは左手だけで打っています」と言われる先生も、わたしから見ると右手をかなり使っておられます。

わたし自身でも、他人に説明するときよりは、右手をかなり使っていると思っています。全日本選手権に出る頃には、一日六時間あまり面を着けて稽古をしていることも多々ありましたが、全身の疲労感はあったものの、各部所の筋肉痛はほとんどありませんでした。理に適った竹刀操作をすると、かなりの運動量でも身体に対する影響はさほどないことを体験しています。

禅宗に「教外別伝」の言葉がありますが、右手の使い方も「教典（教科書）の外に伝えるべきものがある」のかもしれません。このような教えを受けるためには、よい指導者を見つけることが大事です。

力点たる右手は、支点たる左手よりもかなりの動作が必要です。中年から剣道を始められた方は特に、太刀筋に気をつけながら、右手をもっと使ったら、打撃力や打突する際の早さも変わってくると思います。

竹刀の握り

右手は中指を中心として力を入れる

古い文献では、左右の手に分けて書かれたものは少なく、そのほとんどが刀を握っているときの内容で、竹刀と違って両手の間隔が狭いので、両手を分けずともよかったのではないかと思われます。

親指は、人差し指と中指の中間（中指の末節骨に親指が乗っかる感じ）に持っていき輪を作ります。左手よりはわずかに、親指が中指に近いほうに持っていきます。これは柄に対して右手のほうの角度が小さいため、右手首を「切り手」にする握りと理解するとよいでしょう。中指・薬指・小指の上に竹刀を乗せる気持であり、薬指・（とくに）小指は指先が柄に軽く触れる程度にします。

構えたときに小指に力を入れすぎると、手首が「延び手」や「留め手」になってしまいます。振り上げるときの初動時に、中指を中心として力を入れますが、竹刀を振り上げる左手を補助する程度の、力の入れ方がよいと思います。

親指は伸ばさず曲げず、自然にします。親指に力が入ると、前腕の上筋に力が入ってしまいます。上筋に力が入ると、動作を起こすときに柄と手首との角度が大きくなり、刃部が先に見えるため、小手に隙が生じます。

親指と人差し指の分かれ目を峰（竹刀の弦）の延長線に持っていきますが、母指球（親指の基部より下の掌の盛り上がった肉塊の部分）が柄に乗っかる

竹刀の握りと右手

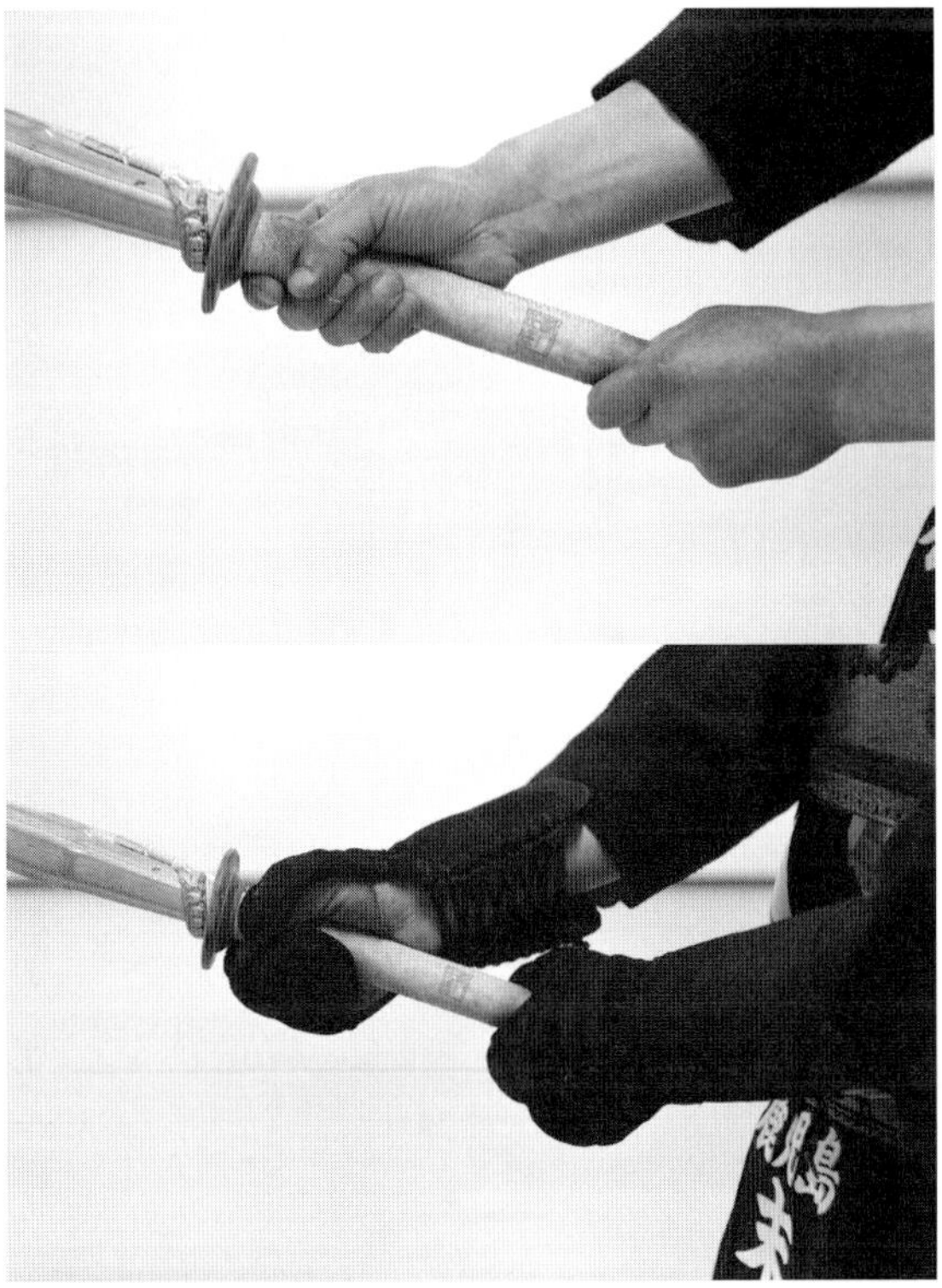

親指は、人差し指と中指の中間に持っていき輪を作る。左手よりわずかに親指が中指に近いほうに持っていく。これは柄に対して右手のほうの角度が小さいため。中指・薬指・小指の上に竹刀を乗せる気持ちであり、薬指・小指は柄に軽く触れる程度にする

ような感じで握ります。この握り方は、右手だけで振り下ろしても確実に竹刀が「切り手」で止まりますので、力強い振り下ろしにも耐えられる握りになります。

　手首の遣い方は『剣道集義』（山田次朗吉著）に書いてある方法で、「切り手」とは、中指の延長が前腕中心線に一直線となるよう、自然に伸びた状態をいいます。

　この状態が、構えたときに身体全体の力が竹刀に効率よく伝わる手首の遣い方で、面を打つ時にも手首が「切り手」になることによって、物打（竹刀の長短及び柄の長さ等によっても差異がありますが、十七センチから二十センチ）部分にもっとも力を入れることができます。

　構えた場合、左手の位置が基準となりますので、柄の長さは重要です。わたしは柄頭から柄の折込手前まで三十二センチとしています。鍔をつけると両手の間隔は、まだ狭くなっています。柄が十五ミリ程度伸びただけならさほど問題にしませんが、二センチ伸びたら構えたときに肘が伸びてしまうか、あるいは鍔と右拳とが離れてしまいます。稽古をしていると徐々に柄が伸びてしまい、鍔元を握らなければいけないという思いからか、気がつかないうちに構えに支障をきたしてしまう場合が多々あります。弦が緩んで締め直さなければならないときなどは、必ず柄の長さを測ってみてはいかがでしょうか。

　柄の長さは、両足の前後の距離とも関連性がありますので、構え方はもちろんのこと、打突にも影響が出てきます。鏡の前で構えを直すのと同じように、柄の長さも常にチェックする必要があります。

「左手」でも書きましたが、構えのための握りではなく、相手を打突するためには、どのような握り方をしたほうが効率的であるかを、自分の体格や身体能力に応じた最良の構えを見つけ出すことが大切かと思います。

　竹刀は、振りやすいように握ることが、大切だと思います。

打突と右手

技や打突部位により手首と肘の使い方を変える

　手首の遣い方は、前記した「切り手」の他に二種類あり、突く時に竹刀の峰側の手首が伸びた状態を「突き手（延び手）」といいます。また、相手からの打突を止めるときのやり方で、竹刀の峰側の手首が縮んだ状態を「止め手（留め手）」といいます。

手首と肘の遣い方および伸ばし方は関連性があり、技や打突部位によって、伸ばし具合が変わってきます。この関連性がうまくいかないと、物打に力が入りません。基本的には、構えたときと面打ちのときの「切り手」が基準となりますが、突く場合は、剣先に力が入らないといけませんので、手首が「突き手」になり、肘も「切り手」のときよりわずかに伸ばします。

振り上げる際には、柄と右手との角度が変わらないようにする必要があります。そのためには、手首で竹刀を起こすのではなく、最初は肘で竹刀を起こす感じで行なうと、わかりやすいと思います。

振り上げの最大時に、手首が曲がる感じがよいと思います。そのためには、何回も言いますが、腕の上筋の力を抜いて、下筋に力が入っていなければなりません。

面打ちは、身長差もありますが、打突時には、右手が自分の肩の高さにあり、肘に若干の余裕があったほうが、足腰の出が良いように感じます。肘を一杯伸ばした場合とでは、竹刀が約十センチ伸びて打突部位を遠くからとらえられる気がしますが、足は肘を伸ばさないほうが約二十センチ出ます。肘を完全に伸ばさない方が、約十センチ儲ける計算になりますし、腰での打ちとなりますので体勢もよくなります。

手首は「切り手」の位置で止めますが、剣先が遠心力の作用により下の方に動きますので、瞬間的に「延び手」となった後、寸時に「切り手」に戻ります。あくまで「切り手」で止めた結果にその状態になるようにしなければいけません。そのためには、手首が柔軟になっていることが大切です。

小手打ちの場合、わたしは先革一個分が出る程度で打ちます。先革が甲手筒に乗っていると短いですし、先革が出過ぎると、打った後に剣先が相手の身体に引っ掛かってしまいます。したがって、小手打ちの場合の物打は、剣先から十センチ程度のところになります。物打部分が、面打ちのときより剣先の方に移りますので、手首と肘の伸ばし具合は、面打ちと突きとの中間程度にしています。

打ったときに手の内を締めますが、その直後に手の内および腕の筋肉の弛緩がなされなければなりません。そうすることにより竹刀が自然と上がります。打突直後に竹刀が上がることが冴えた打ちと思われがちですが、手の内等が弛緩することにより、竹刀が自然と上がります。したがって、手の内の「締め」と「弛緩」との間ができるだけ短い方が、冴えた打ちにつながることになります。

手の内を打突時に締めたときには、絞り過ぎないことが大切です。そのためには、打突時にも両手の親指と人差し指の分かれ目が、弦の延長線を越えないようにしなければなりません。分かれ目が弦の延長線を越え、絞りすぎた場合は、鍔のほうに力が入ってしまいます。

面や小手を打ったあとで、力を加えて竹刀を上げても下げてもいけません。また、手の内を「弛緩」させず、上げないようにし

打突と右手

手首と肘の使い方および伸ばし方は関連性があり、技や打突部位によって、伸ばし具合が違ってくる。この関連性がうまくいかないと、物打に力が入らない

てもいけません。わたしは面打ちの際に左手首を支点としながら、前傾した上体と腕の付け根の角度を、相手に振り向くまで、できるだけ変えないようにしています。面を打った時、竹刀の跳ね返りを利用する感じでいきますと、結果的に面を打った後の手の位置は、左手が肩口、右手が目の高さ位になります。

竹刀の操作は、円運動であります。居合は引き切り、剣道は押し切りといわれていますが、手の内は押す力と引く力の調和によって成り立っています。剣道は、身体が跳び込んでいるので押し切りに見えるだけであって、一本となるような技の手の内は、両手の中で、テコの作用により引き切りになっており、剣の理法に適っているといえます。

「左手は引き手、右手は押し手」という教えがありますが、腕の作用ではなく、あくまで手の内の作用（手首から先）と理解する必要があります。手の内の小さな力で、物打部分に大きな力を加えるためには、手の内の作用（両手のテコの作用）は大切であります。

打突時には、肘を伸ばすことが必要でありますが、肘を伸ばすことが目的ではありません。物打に力を入れるために伸ばすということを、常に頭の中に入れておく必要があります。肘が曲がった打ちは、鍔寄りに力が入ることになり、また、肘の伸ばしすぎは、剣先のほうに力が入ることになります。どこを（打突部位）を、どこで（竹刀の打突部）打つのかをよく見極めて、肘を伸ばす度合を調節する必要があると思います。

間合が接近している返し胴等は、肘はあまり伸ばさないほうが、物打に力が入ることになります。

物打処は一点です。技や間合等により物打は変化します。試合規則では、「物打を中心とした刃部」となっていますが、現実的にはむしろ「刃部の中の物打」と思っています。

竹刀を握る掌中には力があまり入ってはいけませんが、打突する際には右手（腕）の力は重要です。昔から言われている、「左手で打て」は、右手に力が入りやすいための言い回しであり、左手は支点・右手は力点の言い伝えを考えると、ある程度は右手に力を入れなければなりません。ただし、当然のことですが、右手に力が入り過ぎないよう、両手の調和を図り、太刀筋・刃筋・物打に気をつける必要があります。

「左手で打て」は「左手だけで打て」ではありません。

体さばきと攻め

相手の剣先を殺して、自分の剣先を殺さないこと

相手との攻防のなかでは、常に体さばきが要求されますが、「一眼二足三胆四力」の教えは、打突時の足だけではなく、常に相手に対応できる足の使い方が要求されます。その際に足と連動しているのが、手の動きです。

左手の動きは少ないですので、体さばきと連動している右手の遣い方次第で、打突に大きな影響を与えます。

相手とは、原則的には手の内の方向の変化で対応しますが、腕をあまりに遣いすぎると、肘が伸びてしまって構えが崩れ、打突の動作に影響が出てしまいます。手の内でのわずかな対応ができないときには、足さばきで対応する必要があります。自分の正中線が、相手の正中線を常に押さえるようにすることが大切です。しかしながら、これは相手があることですから、ひじょうに難しい。下位の人には通用しても、上位の人と構えると、いつの間にか中心を押さえられているのが現状です。同等の方と中心の取り合いをすると、攻め合い、剣先での語り合いも自然と身についてきます。そして、打つべき機会が自然と身についてくると思います。

剣道は、打突するという結果はもちろん大切ですが、攻めから

相手とは、原則的には手の内の方向の変化で対応する。腕をあまりに遣いすぎると、肘が伸び切ってしまって構えが崩れる

打突に変化する、静から動への動きが、永年積み重ねられた、剣道修錬の醍醐味でもあります。

三殺法のひとつ「剣を殺す」場合に、相手の中心に自分の竹刀があれば、「剣を殺した」状態になっているのに、押さえつけ過ぎてしまい、相手の剣を殺したときに、自分の剣先も死んでしまう状態をよく見かけます。これでは無理心中になってしまいます。この状態から打ちを出すと、竹刀が半円を描いてしまいます。つまり、打ち出すときに、相手に鎬が大きく見えてしまいますので、容易に防御されたり、打突されたりします。やはり、剣先を中心からできるだけ外さないようにしたいものです。

相手から攻められた際には、右手の使い方も大事ですが、足さばきで対応するのが一番です。その際に、問題になるのが重心の位置です。攻められると両足の距離が広くなり、重心が後方に移動してしまいますが、そうなると右肘が伸びることになります。伸びないようにすると、剣先が右側にそれてしまいます。攻めるときと同様、攻められたときも、足の構えに留意して、重心の位置を変えないことが攻め返しにつながっていきます。右肘の曲がり具合は、できるだけ変えないことが、攻め返しにつながっていきます。

指の操作

右手の緊張と解緊は左足の引きつけと関連がある

竹刀を振り上げる際には、柄に乗っかっている中指に、やや力を入れる必要がありますが、必要最小限だけの力だけ入れることが、竹刀の振り下ろすときに、早いスピードになります。手の内に力が入っていると言われる人は、指先の力を抜くとうまくいくと思います。構えたときには、左手よりも一層力を抜いて、卵を潰さぬよう、軽く竹刀を把持する必要がある訳です。力が入っていると、打突する際に、力を抜くことからはじめますので、その分だけ時間がかかってしまいます。

打突する際には、今度は親指を押し込む感じで指を操作していきます。弦が真上を向いているようにすることが大切で、弦が左上を向くようになると、当然「刃筋」が正しくなくなります。いわゆる、右の手の内は「押し手」でなければなりませんので、親指と残り四本の指との力の調和が大切になります。右の手の内全体で柄を握り締める感じより、指先にわずかに力を入れて、締める感じがよいように思います。

左右の斜面や担ぎ小手等は、刃筋に注意する必要があります。竹刀の打突方向と刃部の向きが同一であるように、右手で方向を変えていきます。

「緊張」のあとは「解緊」です。打突後の右手の「解緊」は、左足の引きつけと関連があります。右手の解緊が遅いと、左足の引きつけは遅く、打ちの冴えもなく、また、体勢も不安定です。試合規則の有効打突に「適正な姿勢」がありますが、打突時はもちろんのこと、打突後も適正な姿勢を保持するためには、右手の解緊は重要です。左足の引き付けを早くするためには、右手の「力の解緊」は大きなポイントと思います。当然二・三段の技や連続技は、右手の解緊がなされなければできません。

合気道の祖、植芝盛平氏は「合気道の極意は、脱力と指である」と言っておられたそうでありますが、剣道にも当てはまる言葉であると思います。

指の操作

打突時、親指を押し込む感じで指を操作する。弦が真上を向いているようにすることが大切。右の手の内全体で柄を握り締める感じより、指先にわずかに力を入れて締める感じを覚えること

末野栄二の剣道秘訣

体さばき
上虚下実の構えをつくり、体さばきを自由自在にする

構え

正しい足構えができると構えに風格と勢いが生まれる

「一眼二足三胆四力」や「足八分・手二分」の教えがありますが、足さばきは剣道の最も重要なものの一つで、手で打つな、足で打て・腰で打てといわれるくらい、足にもっとも重点をおいています。体さばきのほとんどが、足さばきと同じとみてもよいと思います。

剣道を学ぶ順序を、中山博道著『剣道手引草』では、「凡そ家を建つるには、先ず其の土台を造って其の上に柱を建てて行くものである。剣道を学ぶ亦其の通りで、先つ足の踏み方を正しく作り、然るる後上体に及ぶのが順序である」と説いています。

初心者指導のときに素振りより、「足さばき」から行なうのは、教本のみではなく、指導者の実体験によるものが大きいと思われます。それだけに足は大事とわかっていながら、四・五段になっても、足の踏み方や足さばきを研究しないで、漫然とやっている人が多いのは不思議でなりません。

足さばきについては、高野佐三郎著『剣道』にも『五輪書』と同様のことが記されています。

五輪書「足づかいの事」には「足のはこびやうの事、爪先を少しうけてきびす踵を強くふむべし、足づかいは、ことによりて大小・遅速はありとも常にあゆむが如し。足にとびあし飛足、うきあし浮足、ふみすゆる足とてこの是三つ、嫌ふ足也。此道の大事にいはく、陰陽の足と云ふ、是れ肝心也。陰陽の足とは、片足ばかり動かさぬもの也。きる時、引く時、受る時までも、陰陽とて右左右左と踏む足也。返すがえす、片足ふむ

正しい足構えの上に腰がどっしりとおさまった状態は、風格と共に勢いが感じられる

ことあるべからず。能々吟味すべきもの也」とあります。

当時と比較すれば、足場の悪い土の上での想定が、現代では平らな床に変わりはしましたが、竹刀剣道になった現代にも通じる教えだと思います。


正しい足構えの上に腰がどっしりとおさまった状態は、風格と共に勢いが感じられます。そこには、いつでも打突できる構えと、相手が攻めてきたときに応じて、体さばきで変化ができる身構えが感じとれます。

打てる体勢

前掛かりは精神的作用。脚を実、上体を虚にして打つ

剣道は、相手の心を崩して打突することが一番大切です。相手の心を崩すためには、いつでも瞬時に打突できる構え方が必要なのは当然です。足の踏み方および遣い方については、「左足」、「右足」の項目に詳しく書きましたので、参考にしてください。

剣道は、常々「調和が一番」大切だと思っています。右足あるいは左足の両方がよくても、その調和が悪いと上手くいきません。剣道の教えに、懸かる（仕かけ）ことと待つ（応じて変化）ことを一致させなさいという「懸待一致」も調和の大切さを教えたものであります。

また、上半身と下半身の調和は、もっとも大切な剣道の技術の一つだと常々思っています。

左足と右足との調和は、重心の位置です。左右の足の中間が理想で、ここに重心を置くと、前後左右・四方八方に体を移動（さ

仕かけ技は、右足を踏み出す一瞬、重心が前に移動していることが大切。左足の蹴りが弱くならないような重心移動を心がけること

ばく）することができます。ただし、これは構えたときの一般的な概念であり、相手との攻防の中では、多少の重心の移動がなされるのは当然です。逆に移動しなければ、打突がスムースにいかない場合が多々あります。

仕かけ技の場合には、右足を踏み出す一瞬、重心が前（右足ではない）に移動していることが大切です。その際に気をつけなければならないことは、左足の蹴りが弱くならないような、重心の移動であったり、上体が極端に前に傾かないようにすることなどです。ここの調和が崩れると、相手に出る瞬間を察知されてしまいます。重心が片足に掛かり過ぎると、掛かったほうの足首にブレーキが掛かってしい、出られなくなってしまいます。

最近は、「前に掛かって攻める」ことを意識しすぎ、体重を前に掛け、踵が高くなり過ぎているような印象を受けます。前に掛かるのはあくまで気等の精神的作用です。重心を前に掛けすぎると、蹴り足をふくむ足の調和が崩れてしまいますので注意を要します。

相手から攻められた場合はどうでしょう。自分が打突されたときを思い起こせば、重心が安定していないときが多い気がします。重心が安定している場合は、構えがさほど崩れません。心が〝ハッ〟とした場合には、構えの乱れや重心の不安定さが、とくに顕著に表れます。野球のように攻撃・防御が完全に分かれている、表裏の攻撃と守備は剣道にはありません。防御から攻撃に移る際は一瞬ですので、相手の攻撃をしのぐ際に、重心の位置を変えない体さばきは、大きな意味をもっています。

上虚下実で構える

足は少し力の入った「実」の状態であり、上体は力が抜けた「虚」でなければ、体さばきは上手くいかない

昔の人が床に豆を撒いて足さばきの練習をしたのも、重心の位置の習得に大きな目的があったのかもしれません。

「上虚下実」。脚は少し力の入った「実」の状態であり、上体は力が抜けた「虚」でなければ、体さばきは上手くいきません。足が滑るときは、腕や肩に力が入ったときです。

「上虚下実」の構えができなければ、竹刀操作とともに、足さばきも上手くいかないということになります。その中でも「実」を有効にするには、「丹田」が重要です。丹田に力が入ると肩の力は抜けます。逆に、肩に力が入ると丹田には力が入りません。肩と丹田に同時には力を入れることができないように、人間の身体はできています。腹から声を出すのも、肩の力を抜く一つの手段だと思っています。剣道のときだけでなく、普通の生活の中でも簡単に確認することができますので、肩に力を入れて丹田の力を確認したり、あるいはその逆をしてみて、試してください。

よく言われる「長呼気丹田呼吸」も、この理ですので、道を歩いているとき、電車に乗っているときなど、どこでもできる健康法であり、剣道稽古法ですので、時間が取れずに、着替えての稽古ができない人は、とくに実行してください。剣道では、短吸気呼吸も大切ですので、併用されてはいかがでしょうか。

攻撃的体さばき

中心に向かい少しずつ間詰め。一足一刀の間合に入る直前が重要

相手を攻める場合は、相手の正中線に剣先の延長をつけることが大切なことは、皆さん同じ考えだと思います。相手が中心を取らせない場合はどうでしょう。その場合は竹刀の身幅程度動く心持ちで、斜め前に攻め込むことが大切です。身幅を大きく越える場合は、重心が傾き、打突することが容易でなくなる可能性が出てきます。

とにかく、相手の中心へ中心へと、少しずつ少しずつ体さばきをして、攻め込んでいきます。このときの間合は、「一足一刀の間」に入る直前のわずか数センチのところですので、大きな足さばきは危険です。打つということは、打たれることの裏返しでもありますので注意を要します。この間合については、「間合」の項目を参考にしてください。

相手から攻め込まれた場合はどうするでしょうか。一番簡単な方法は、後ろに体さばきをする方法です。しかし、下がると二打

三打の攻撃を受けてしまう危険性があります。わたしは、相手を中心とした円の軌道にさばくように努力しています。斜め前に体さばきをすると、打突される危険性はほとんどありません。右手右足前の中段の構えでは、左斜め前の体さばきには相手はほとんど対応できません。

防御から攻撃にただちに変化できるところに、剣道の妙味がありますので、相手を中心とした円の軌道上に体をさばくと、ただちに攻撃に移行することができる、最適な体さばきであると、今では感じています。

相手の中心に向かって詰める

相手の中心に向かって少しずつ少しずつ体さばきをして攻め込む

左右の体さばき

足幅の広さに注意。右足小指から左足踵の広さは肩幅を意識する

跳び込み面に対する返し胴や抜き胴等の胴技は、斜め前に足を進める送り足が望ましいですが、その他の応じ技は相手の中心に自分の中心が向く、開き足であることが大切です。

神道無念流に、「三寸横に動けば、相手は隙だらけ」との教えがありますが、左右への体さばきは十センチ程度でも相手の攻撃をかわすと同時に、攻撃へと展開することができます。

　わたしはたったの三寸ではいまだ変化できませんが、開く際には相手の竹刀をできるだけ引きつけて、小さく体をさばいて応じられように努力しています。当然引きつける左足（後ろ足）も、相手に向かなくてはなりません。わたしは、日本剣道形小太刀の一本目で右への体さばきを、二本目で左への体さばきを、相手の打ちを引きつける要領とともに習得しました。審査前だけの形稽古ではなく、面を着けての打ち合いとともに、平常も剣道形の稽古に取り組まれることを切望します。

　前後への体さばきは、少々足幅が広くなっても問題はありませんが、左右へのさばきは足幅がかなり影響してきます。前後に足幅が広いと、前後への体重の移動は容易ですが、横への体さばきは困難になってきます。右足小指から左踵までは、肩幅よりも極端に広くならないよう気をつけたいものです。

間合等に応じて、後ろへの体さばき、横への体さばき、斜めへの体さばきを、そのときに応じて、わたしは遣い分けています。

　体さばきは、足のさばきだけではなく、丹田を中心とした腰の切れがよくないといけません。腰の切れを良くするには、激しい動作で習得する必要がありますので、短時間に息が上がる「打ち込み稽古」と「懸かり稽古」が有効となってきます。

　踏み込む足は、『五輪書』でいう「飛足」である、高く上げないようにします。高く上がった足は前方に行かず、自分のほうに戻ってきます。滞空時間が長いので遠くまで行っている感じがしますが、実際は踏み込む距離は短くなります。

・足の踏み方
・重心の置き方
・後ろ足は前足に伴って動かす
・上虚下実
・仕掛け技は直線で攻める

小さく体をさばく

応じ技は相手の中心に自分の中心が向くように開き足を使う。開く際には相手の竹刀をできるだけひきつけて、小さく体をさばくようにする

・応じ技は円でさばいて直線で攻め返す

右に挙げたポイントに注意して、体さばきが自在にできるようになれば、剣の理法である「身法」は、ほぼ完成することとなります。

踏み込み足

踏み込み足は、右足を高く上げない。高く上がった足は前方に行かず、自分のほうに戻ってくる。床と平行に踏み込むこと

末野栄二の剣道秘訣

間合
構えを崩さないことが打ち間の確保につながる

剣道で有効打突を得るには、さまざまな条件や要件がありますが、その中でも打突の機会と間合が、勝利を得るのに大きく影響することになります。

一歩踏み込みながら竹刀を一振りすることにより、相手を打突することができ、一歩さがれば相手の打突を外すことができる「一足一刀の間」が「常の間」といわれ、それを基準に、近い距離を「近間」、遠い距離を「遠間」に分けていることはご存じのとおりです。「近間」よりさらに近くなると、「鍔競り合い」ということになります。「一足一刀の間から打て」とよく言いますが、前記のとおり相手が動かなければ、届く間合ですが、相手が一歩さがれば打突が届かない間合でもあります。それほど間合というものは難しいものです。かといって「近間」になればいつでも打突することができますが、逆に相手から打突される間合でもあります。

一橋剣友会発行、山田次朗吉著『剣道叢書』に、体幽の間（間積体幽）があります。

「体幽の間とは、相手と自分と対して、勝負の分かれるところの境をいう。未だ自分の太刀が相手に届かず、相手の太刀も自分に当たらない間を『体の間』という。自分の太刀が相手に当たり、相手の太刀も自分に届く間を『幽の間』という。その体より幽に移る所にて勝負が分かれる」とありますが、現実的な表現の仕方ではないかと心に留めながら稽古をしています。これは、五輪書にある「一寸の見切り」とも通じるような気がします。

近くて遠い間合

敵陣に入り、相手は届かない、自分は届くイメージをつくる

　自分からは近く、相手からは遠い間合を作る必要がありますが、間合には、形に表れた「外面的な間合」と、形に表れない「内面的な間合」の二つがあります。同じ距離にいながら、互いの間合の感じが違う場合が多々ありますが、内面的な間合は、心の間合であり、位攻めにも通じてきます。この二つの間合の取り合いが、すなわち攻め合いであります。

　打突できる間合は一定でなく、技・攻め合い・精神的作用等によって変化します。また、体格や運動能力によっても変わってきます。そのため、まず自分が打突できる間合を知らなくてはなりません。

間合には形に表れた「外面的な間合」と形に表れない「内面的な間合」がある。二つの間合の取り合いが攻め合いとなる

　わたしは、自分の間合を知る一番の方法は、基本打ちのときの跳び込み面だと思います。継ぎ足等をしないで精一杯跳び込み、物打が面部をとらえ、かつ姿勢が崩れない間合を体得することが大切だと思います。数センチ遠くなっただけで、物打部分が悪かったり、あるいは姿勢が崩れるところを知るという、不都合なことを体感することも大事ですので、基本打ちのときにいつも同じ間合でなく、間合を変えてみて、自分の間合を知ることが大切です。

　基本打ちでは「外面的な間合」ですので、腰が水平移動しながら姿勢を崩さずに、跳び込む距離を相手より、一センチでも遠くから跳び込めると、それだけで有利となります。

自分の間合を跳び込み面で知る

自分の間合を知る一番の方法は、基本打ちのときの跳び込み面。姿勢を崩さずに打てる距離を身体で覚えること

基本打突で自分の間合を習得したら、次は打ち込みで習得の度合いを高め、上位に掛かるときに身を捨てる稽古を反復することにより、さらに習得の度合いを高めます。この捨てる稽古をした人としない人とでは、剣道の中身が違ってきます。捨てる稽古をしない人は、近間の攻防で打った打たれたのみに終始し、上達はおぼつかないと思います。

相手との距離を測る基準は、左足および丹田だと思います。腰を引いて構えている人や、左拳が体から離れ過ぎている人と対した場合は、実際の間合は遠くなりますので、一概に竹刀の交差のみでは判断できない場合があります。自分の足構えの広い人は、竹刀の交差が深くなっていても、実際の間合は遠いですので、構えから正す必要があります。

そして、間合を測りながら、攻め入っていくのは右足です。左足をあまり動かさずに間合を確保しておき、間合の駆け引きを右足で数センチ行なうことにより、相手との微妙な間合の攻防を、自分に有利にもっていくことができます。

左足が動いているときは当然踏み切りができませんので、やたらと左足を動かすのは禁物です。また、相手が出ようとした出頭に足をわずかに引くことにより、相手からは遠く感じるようになります。

「懐が深い」といわれる人は、この足さばきで間合を調節できる人です。このときの足さばきは、打突できるぎりぎりの攻防のときに、相手が出ようとした瞬間に、ほんの数センチ足を引くことにより、見切りが可能になって懐が深く感じられるようになります。

そして何より大切なのは、一センチでも一ミリでも前に出て、相手の陣地で立ち合うことです。相手から自分の城を攻められたら、防御するしかありません。自分で相手の陣地に入り、相手の城をさまざまな方法により崩すことで、勝機が生まれてきます。

相手から入ってこられた場合には、間合が遠く感じられますが、逆に自分で入っていった場合には、間合が近く感じられます。ここに間合の不思議さがあり、妙味があります。

内面的な間合を習得するには、前記の方法の掛かる稽古が大事ですが、四戒（驚懼疑惑）が自分の心に生じたら間合も取れませんので、技術の習得とともに精神的な修錬も必要となってきます。

間合に入る

腰始動で移動すると正中線が取りやすくなる

間合を詰めて攻め込むときには、構えがしっかりしていなくてはいけません。このときの構えは身構えだけではなく、気構えもなくては相手に通用しません。いつでも打突できる構えをつくるためには以下のことが大切です。

・手の内に力を入れすぎない
・入りながら左拳を体から離しすぎない
・右足だけ前に出して足幅を広くしない
・重心の位置を変えない
・打突部位を予め決めない

打突できるのか否かのギリギリの間合で、打とうあるいは打たれまいと思う気が出過ぎたほうが、結局は打たれてしまいます。

最近の試合の悪い点は、攻めて間合に入っているのに打突せずに、防御の姿勢から打突に入る傾向にあることだと思います。あまりにも打たれたくない気持ちが強すぎ、相手が攻められて構えが崩れているのに打突しないのですから、勝負が遅くなるのは当然です。自分が正中線を取ることができたなら、相手の竹刀は正中線から外れているのですから、あとは間合と機会だけです。

打ち間に入ったときには、即座に打突するか、相手が崩れない場合はもう一度下がって攻め直すのか、竹刀を押さえながらさらに崩してから打突するのかの、三つしか方法はないと思ったほうがよいと思います。間合に入ったら必ず打突しなければならないとは限りません。打突の機会がないときもあるわけです。

打たれて上達するという教えがありますが、稽古のときにはさまざまな機会や間合で打突を試みて、相手から打たれることにより、打突の機会を覚え込み、本番（試合や審査）のときに失敗（打突されない）しないようにすることが大切です。相手から打突されたということは、自分の欠点を無言で相手が教えてくれたのですから、相手に感謝する心を持つことが、上達していく上には大切なことだと思います。

打ち間に入った瞬間に、どのような判断ができるかは、難しいものがあります。それには、稽古の数を増やすことと、工夫をすることより方法はないと思います。

間合に入る

手の内に力を入れない。左拳を体から離しすぎない。足幅を広くしない。重心の位置を変えない。打突部位を予め決めない。以上のことに注意する

間合に入らせる

三つのさばきで受けた太刀を打つ太刀に変化させる

相手に間合に入られたらいけませんが、入らせることは大切です。入らせておいて相手に打ってこさせ、打突が功を奏させないように応じたり、打ち落としたりして、相手を打突することを工夫する必要もあります。

しかし、相手も自分の間合を確保しようとするので、思うようになってくれません。相手から入られた場合の対応も重要で、自分で入った時も即座に結論を出す必要がありますが、相手から入られた際にも、結論を即座に出す必要があります。剣道は相手があるのですから、自分だけで剣道をしようとしてはならず、相手と和し、相手の出方にいかに対応できるかが重要です。

相手への対応の仕方はさまざまですが、一般的には次の三つです。

・円運動でさばく
・前に出る
・後ろにさばく

いずれの対応の仕方も、「受けた太刀は打つ太刀に変化」することが理想ですので、受けたままにするのは感心しません。最近の剣道をつまらなくしている原因は、攻撃と防御が分担作業化している点にもあります。攻撃する時は攻撃のみ、防御するときは防御のみといった感じです。

「懸待一致」。攻撃を受けたなら、即返すことができるよう、応じ技の稽古もされていると思います。先々の先、先、後の先を使い分け、使い切れなくてはいけません。

後ろにさばく方法は、後ろ足からさばきますが、相手の剣先がどの位までくるかを予測し、できるだけ少ない見切りがないと、応じて打つのが難しくなります。

下がり方が少ないと、打突される危険性もありますし、大きすぎると二の太刀三の太刀が襲ってくることになります。一番簡単な方法ですが、危険性も高くなります。下がるときには重心が後方に行きやすく、上体が反って剣先が外れやすくなりますので、わたしは相手の頭を掴んで、手前に引き落とす感じで足をさばきます。そうすることにより、重心の位置をあまり変えることなく、体さばきをすることができます。

前に出る方法は、打突される危険も伴いますが、近間になる訳ですから、時として形勢が逆転し、打突することが可能になる場合もあります。その際には、三殺法の一つ、相手の「剣を殺す」ことが大切です。また、真っ直ぐ前に出るより、斜め前に出ると、相手から打突される可能性はかなり低くなります。中段の場合は右自然体の構えですので、相手の右側にさばくとなおよいと思います。

円運動でさばく方法は、相手を中心とした円形を描く気持ちで、左右へのさばきをするとよいです。このさばき方は数センチの移動でよく、わたしはこの方法を多く使っています。開き足で左右にさばき、自分の正中線を相手の中心に向けます。そうすることにより、即座に攻撃することが可能になりますし、相手が取っていた中心を奪い返すことができ、間合に入らせたのと同じような効果があります。

いずれにしても剣道は、いかにして有効打突を取得するのかが大切ですから、さばくのも、応じるのも、剣を殺すのも、常に有効打突に結びつけるようにしなければいけないと思います。

間合に入らせる

さばく動作が大きいと、瞬時に対応できなくなる

後ろにさばく。前に出る。円運動でさばく。この三つのさばきで受けた太刀を打つ太刀にする

手足の操作

竹刀が交差しはじめたら足と手は大きく動かさない

竹刀が交差しはじめたら、足を大きく動かしたり大きな竹刀操作をするのは禁物です。とくに踏み切り足である、左足の動きが大きいと、蹴り足である左足を使うことができなくなります。あと少しで打ち間に入るという所まできた場合には、蝸牛が進むようなゆっくりとした足さばきで、間合を縮めるようにしたほうが、対応できる確率が高くなります。含み足といって、尺取り虫のような足指の使い方で間を詰める方もいます。通常は、間合をわずかに詰める場合は継ぎ足を、それ以上詰める場合は送り足を使いますが、どちらにしても間を詰めることが「攻め」につながればよいのですが、「色」になってしまうと逆にそこを打突されます。「色」はすなわち「虚」になるからです。

前に出ることは大切ですが、前に出ることが攻めにつながらない場合もあります。相手から引き出される場合も考えられます。したがって、間合を自分から詰めることは大切ですが、あまりに間合だけに心を止めすぎると、相手の思うつぼになることにもなります。とくに入るとき、中心を取ろうとして、相手の竹刀を押さえすぎる傾向にありますので、手の内に力を入れすぎてはなりません。

竹刀が交差しはじめたら手足を大きく動かさない。構えをできるだけ崩さない、変えないことが打ち間の確保につながり、有効打突につながる

笹森順造著『一刀流極意』の中にある「浮木」を読んでから、間合に入る時の考え方が変わりました。内容は次のとおりです。

「水に浮く丸太を棒で突くと、突かれた一方は沈み反対の一方は浮き上がる。またはくるりと廻わって突かれた反対の側が浮き上がる。強く突くと強く突く程に強く浮き上がり廻る。何時までも同じことで、沈めようと思って突く方が遂に疲れ根負けする」

この記述は、相手に乗って勝つ極意を示したものですが、間合のやりとり、中心の取りあいにわたしは応用させていただきました。

構えをできるだけ、崩さない、変えないことが打ち間を確保する上に大切なことだと思います。また、打とうと思う気が働くと、相手にその気が写ってしまいます。相手を打突するために、自分の間合を確保するわけですが、平常心・無心でも機会を捉えて技の活用ができるよう、同じことをくり返しくり返し行ないながら、理想としている剣道に近づけることを目標に、日々精進しているわたしです。

末野栄二の剣道秘訣

機会
間の取り方が重要。虚を打つ稽古で感覚を磨く

「気・間・機・而して和」

三十歳代後半に、ある先生から剣道の極意とは、との宿題に対する答えが標記のとおりです。剣道では、総合的に大切なことは和であり、技術的には気・間・機の三要素がなければならないと今でも思います。しかしながら、剣道では相手があり、相手の心理状態も都度変化することから、それに対応できる能力を養うことが必要です。

稽古の目的は、基本動作や応用動作において習得した技術をさらに修錬することにより習熟し、相手の動作を察知したその時々に合った技を施す能力を修養して、試合において勝利（有効打突）を得るための要領を自得するためにあります。

相手の竹刀を捲く、払う、攻める等々も有効打突に結びつかないと意味がないと思っています。打突の機会があるのに、手段である捲く・払うが目的になっている人も見かけます。

有効打突を得るには、さまざまな条件が重なり合っており、和である総合調整能力がないと、勝利は逃げてしまうと思っています。

機会とはなにか

いまでは遅い。機会は「い」と「ま」の間にある

打ち間と打突の機会は、瞬時に生まれたり消えたりします。「いま中」という教えがありますが、「い」と「ま」の間に機会はあり、その時には打突していなければなりません。「いま」から打突しようか、では遅くなります。機会があっても、打ち間にないと打突できません。また、打ち間になっても打突できない、あるいは打突してはいけない場面も出てくると思います。

その機会を見出すのは、勘であります。「勘」は第六感の「感」にも通じており、五感（官）である、眼（視覚）耳（聴覚）鼻（臭覚）舌（味覚）皮膚（触覚）を超越したものでないかと思っています。

五感を越えた第六感を得るためには、「心を学ぶ」必要性が生じてくると思っています。

打突の機会の教えは沢山あるものの、結局は稽古によって自分自身で会得するより方法がないのが、この機会のとらえ方であると思います。

ほんの微妙な間（拍子）の取り方で、打突の機会を会得することも多々あります。最終的には、稽古の数を増やすと共に、どのようにすれば相手を打突することができるかを、研究するしかないと思います。

相手が充分になっているところは、相手が実になっていますので、当然打ってはいけません。こちらが実になって、相手が虚になっているところは、必ず打たないといけません。

微妙な間（拍子）の取り方で、打突の機会を会得することも多々ある。こちらが実になって、相手が虚になっているところは、必ず打つこと

相手もこちらも実の場合もありますが、このときは無理しないで、相手が虚になるように攻める、あるいは隙を作り出して打つしかありません。当然そこには、相手が実であるのか、それとも虚であるのかの見極めが大切になってきます。

呼吸も大切で、吐く息は実であり，吸う息は虚になることが多くあります。虚を少なくして実を多くするためには、長呼気丹田呼吸法がよいと言われている所以です。丹田を使っての長呼気・短吸気の丹田呼吸法を覚えることにより、実の時間を長く、虚の時間を少なくすることが出来ますが、これは日常生活でも覚えられます。

三つの隙

構え・心・打突。とくに四つの打突の隙を理解すること

隙には、構えの隙・心の隙・打突（動作）の隙の三つがありますが、六段、七段受審の力を持っている人には、構えや心の隙はほとんどないと思います。しかし、打突しようとするときは、必ず剣先が体から外れますので、打突の隙は高段者でも生じることとなります。同程度の力を持った高段者の立合では、先に仕かけたほうが打たれるのはこのためでもあります。眼で見ては遅れますので、最終的には、心で心を打突するところまで、修養する必要があると思います。

構えの隙は、その時々において相手にいかに対応できるかが大事です。自分の構えが相手の中心についていても、相手がわずかでも左右に動くと中心から外れてしまいますので、相手と糸で結ばれているような感じで体さばきをしないと、対応が遅れることになります。

心の隙については、四病（戒）である、驚懼（恐）疑惑を生じさせられたり、弧疑心が生じたりするときに、打突された経験はだれにもあると思います。この教えは、自分には生じさせてはいけないということですが、立場を逆に考えると、相手には大いにさせなくてはなりません。

「打たないようにして打つ」「上を攻めて下を打つ」「右を攻めて左を打つ」などは、相手に疑惑を生じさせる、攻めの一つです。ただここで注意しなければならないのは、見せて打つではないということです。見せるということは色ですので、かえってそこを打突されることとなります。似たような動作ですが、そこに打突の意志があるのか否かが、評価の分かれ道になりそうです。

打突しようとするときは、必ず剣先が体から外れる。打突の隙は、高段者でも必ず生じることになる。同程度の力をもった高段者の立合では、先に仕かけたほうが打たれるのはそのためでもある

　止心は打突の機会の捉える場合も含めて、剣道には大敵です。心をひとつの事に止めてしまうと、他のことが判らなくなります。面を打つことに心を止めると、小手に隙があってもその機会を逃してしまいます。

　問合だけに心を止めたり、相手の竹刀に心を止めるなど、止心は常に我が身に振りかかってきます。

　無念無想・水月の位・千手観音の教え・遠山の目付など、心をどこにも止めない放心の心構えは、時間が短い審査の立合では重要だと思います。

　打突（動作）の隙は、おおよそ次のような類型がありますので、打突の機会とも関係しますので参考として下さい。

一、攻める→反応する→打突する。

・中心を攻めて入り，相手が退る瞬間に打突する。

・中心を攻めると相手がそれに応じようとして、隙ができたところを打突する。

二、攻める→相手が打つ→打突する。

・中心を攻めて入り、相手が面や小手にくるところを応じて打つ。

三、部位を攻める→崩れる→打突する。

・面に打っていくと、それを防ぐために手元が上がるところに小手を打つ。

四、部位を攻める→相手が打つ→打突する。

・小手に対して抜き面に打ってくるのを胴に変化して打つ。

　これらが主な類型です。全部が攻めからの打突になっていることに、注目する必要があると思います。打突に至るまでには、攻めから各プロセスを経ないと功を奏しないと考えるべきです。したがって審査では、ただ打突しただけではなく、いかにそのプロセス（打突前の仕事）を経たのかも、評価されることが多くあります。

出ばな・居つき・間合に入る

打たれることを嫌がらない。三つの打突機会を覚える

●出ばなを打つ

打突の機会は沢山ありますが、起こり頭・技の尽きたところ・受け止めたところ・身体または心が居付いたところは、打突の好機といわれています。

このうち、起こり頭以外は、目で見て打突することもできる好機ですが、起こり頭（出ばな）は目で見て打突することができませんし、狙って打てるものでもありません。しかも、出ばなを狙おうとすると、相手が動くのを目で見てから打ちを出しますので、

相手の竹刀と自分の竹刀が切り結ぶ状態にほとんどなります。へたをすると、逆に出ばなを打たれることさえあります。

『五輪書』の観見二つの目付けにあるように、「見るは目」で、「観るは心」で、観（心）の目を強くする必要があります。「出ばな」は自分の心の眼で観て、相手の心を打つことが大切ですので、目で見ては遅れることが多くあります。打突することに神経が集中しすぎると、当然防御には神経が廻りませんので、「出ばな」を打突されやすくなりますので、打突の機会のなかで最初に掲げ

出ばなを打つ

左足で立つ感じで右足を柔らかく踏んで出ばなを打つ

られているのだと思います。

出ばなを打つためには、攻めの厳しさも大事ですが、即座に打突ができる構え、とくに継ぎ足をしないで打てる足構えが大切になってきます。左足で立つ感じで、右足はすぐに踏み込むことができるよう柔らかく踏み、重心のかけ方および足幅には充分に注意しておく必要があります。

左踵が高すぎると、踏み込むときに踵を下げてからでないと、蹴りだすことができないので、踵を床につかない程度に下ろしておく必要があります。

ひかがみ（膕）が曲がっていると、これも蹴りだすのに時間を要してしまいます。いっぱいに伸ばした状態から、少し緩めた状態がよいでしょう。

竹刀操作についても、即反応する必要がありますので、手の内が硬くならないよう、また、前腕の上筋に力が入ると動作が二拍子になりますので、すばやい動作に移れるようにするために、下筋に力を入れます。肩の力みを取るためには、下腹部に力を入れます。

相手の心を読んで、常時出ばなを打つことができれば最高ですが、昨日はできても、今日はできないのが剣道ですので、出ばなは常に修養しなければできない、難しい機会であると思います。

●居つきを打つ

初心の頃、打突の機会に「相手が息を吸うとき」と教えられたことがありましたが、「二メートルも離れていて、息を吸うことがわかるのか」と思ったものでした。現在も、相手が息を吸うところは、わからないのが現実です。しかしながら、打突が成功した際には、意外と相手が息を吸うときや、呼吸が止まっているときのような気がします。これは息を吸うところを狙っているのではなく、稽古の修錬の結果、その機会に打突しているのではないかと思います。

長生きするとは、息が長く続くことであると聞いたことがあります。居つくとは、息が着いたところと言い換えてもよいような気がします。すなわち、平常の呼吸ができないときに、居つきが起こり、呼吸の一時停止とともに、身体の動作も停止してしまうのではないかと思います。

そのように考えるとき、相手に驚懼疑惑の念を与え、心理的に

居つきを打つ

居つくとは、息が着いたとき。四病を生じさせる攻めが重要となる

「ハッ」とするような攻め崩しが大事ではないかと思います。そして自分のほうは、長呼気丹田呼吸法等により、自然な呼吸ができるように努め、四病のような心理状態にならないことが、居つく状態をなくすのではないかと思っています。

剣道は最終的には、心と心の凌ぎあいの中で、打突の機会がどちらにころぶのか、ということになるのではないかと思います。

●相手の間合に入る

打突の機会と間合は、密接な関係があります。打ち間に入っていなくても、届くと思って打突したり、あるいは相手から打突されるとの恐さから、先に打突してしまうことは、判断の間違い（間が違う）ですがよくあることです。

自分の間合に相手が入ってきたら、ここぞばかりに打ちを出してしまいます。相手の攻めが厳しいと、なおさらのことです。

逆に考えると、自分が打突を怖がらずに、胆づもりができて相手の間合に入ることができれば、ほとんど相手が打突してきますので、応じて打つことができると思います。

「切り結ぶ　太刀の下こそ地獄なれ　踏み込み見れば　跡は極楽」「山川の瀬々を流るる栃殻も　みを捨ててこそ　浮かぶ瀬もあれ」の道歌にもありますように、捨て身の精神でいくと道が拓けるのかもしれません。

打突の機会は、攻めや間合・相手との進退動作の中で、まだ多数あるのではないかと思います。

今日の稽古でも、打突の機会の発見を楽しみに、道具を担いで道場に向かおうと思います。

相手の間合に入って打つ

打たれることを恐れない胆づもりで間合に入ると相手は打ってくる。そこを胴に返す

末野栄二の剣道秘訣

決めをつくる

手の内の緊張と弛緩。左足の素早い引きつけが重要

有効打突

審判員の旗が動き出すのは、打突直後から決めの段階である

決めをつくるためには、基本に則した打突が出来ていて、気勢が充実し、かつ打ち切りの気があったことであり、打突時から打突後まで審査員の心を打ち、あるいは心を動かすような動作をすることが重要です。

審査員の心を動かすためには、「私の技はこうですよ。これ以上の打突はできないですよ」と自己の心を眼に見える技として表現する必要があります。

打突が「有効打突」になるか否かは、「決め」のうまい人です。試合巧者と呼ばれる人の多くは、「決め」のうまい人です。

「決め」と「引き揚げ」は表裏の関係にあります。打突部位をとらえた場合に「決め」があるのであって、打突部位に当たらない場合の「決め」は「引き揚げ」であり、「引き揚げ」は心の隙や動作の隙となり、相手から打突される危険が高く、厳しく戒められています。

「決め」るべきか、「決め」ざるべきかは、短時間の中での判断力と決断力が要求されることになります。自己審判はいけませんが、自己判断は、「決め」をつくる場合は大切になってきます。

打突された方は、「決め」させないために、

一、打突されても、竹刀を上げさせないように押さえ込む

二、打突されても、体当たり等で相手の体勢を崩す

こと等が行なわれていますが、武道の観点からは、このような動作は斬られた後の動作であり、おかしいことではありますが、競技性の観点からは実際に行なわれているのが現状です。

有効打突は、試合審判規則第十二条に「充実した気勢、適正な姿勢をもって、竹刀の打突部で打突部位を刃筋正しく打突し、残心あるものとする」と規定しており、この中の要件を一つでも欠くと一本とはなりません。

また、有効打突の要素としては

一、間合

二、打突の機会

三、打突前後の体捌き

四、手の内の作用（強さと冴え）

などがあり、加えて精神的な活動を表現することにより、「決め」が生まれてきます。

これまでの経験から、有効打突までの流れの概略は「構え→打突→決め（打突後の体勢等を整える）→残心」ですが、「決め」

は要件・要素の中には入っていません。「決め」は、動作の最後まで気勢が充実し、適正な姿勢と刃筋が正しくなければ、打突部位を捉えていても、評価されないことが多々あります。

審判員の旗が実際に動き出すのは、打突直後から「決め」の段階です。跳び込み面を例にすると、面を打って相手の横に並んだ頃に旗が動き出し、相手の横を過ぎてから、旗が斜め上方にあがるのが一般的です。

したがって、打突そのものがもっとも大切でありますが、競技性の観点からは、打突後の「決め」があるか否かが、有効打突の採決に大きな影響を与えることになります。

気剣体一致の打突があったにもかかわらず「決め」がなかった、あるいは相手から「決め」させられなかったために、審判員の旗が上がらなかったことは、よく見られることであります。

「決め」のポイントは次のように考えています。

一、冴えた打突が出るように、手の内の緊張（締め）と弛緩を素早く行なうとともに打ち切りの気構え。

二、適正な姿勢を保持するため、後ろ足（通常は左足）の引きつけを早くする。

三、刃筋を正しく保つ。

四、充実した気勢、特に発声に気をつける。

有効打突の判断

審判の旗が実際に動き出すのは、打突直後から「決め」の段階である

竹刀操作

手の内の作用は押す力と引く力の調和で成立する

初心者指導の際に、打突の音と踏み込み足の音は同じと教えますが、足の着地は、切り終わった時と考えるべきであり、実際は踏み込み足の着地より打突の音の方がわずかに早い。跳び込み面を例に、顎まで斬るとするならば、面のところで竹刀が当たり、竹刀がしなって、顎の位置まで竹刀が振り下ろされた時に、足が着地すると思います。

打った時点で手の内が締まりますが、できるだけ早い時点で手の内の弛緩がなければなりません。そうすることにより竹刀が上がり、面から竹刀が早く離れることになり、打ちに冴えが生まれます。したがって、手の内の「締め」と「弛緩」の間ができるだけ短い方が、打突が冴えることになります。

面を打った後、新たな力を加えて竹刀を上げても、逆に下げてもいけません。私は面を打った時の上体と腕の付け根の角度を、左足を引きつけた時にも変えず、相手に振り向くまでその体勢

竹刀操作

面打ち、胴打ち、小手打ち、いずれも切り手になるように心がける

留め手、延び手にならないように注意する

（角度）を保つようにしています。面は右手が肩の高さで打ちますが、左足を引きつけた時の両手の位置は、左手が肩、右手が目の高さ位になるような感じです。

素振りの時には、左足を引きつけた時に面を打っており、左手は水月、右手は概ね肩の高さになりますが、踏み込み足の場合には、打突後の右手左手の高さが違います。

竹刀の操作は、円運動にならないといけません。居合は引き斬り、剣道は押し斬りといわれますが、手の内の作用は押す力と引く力の調和によって成り立っています。剣道は、身体が跳び込んでいるので押し斬りに見えるだけであって、手の内の作用は、居合と一緒でなければ剣の理法・刀の繰法に適っているといえなくなります。

「左手は引き手、右手は押し手」という教えがありますが、腕ではなくあくまで手の内の作用（手首から先）で行なうことです。

打突のときには、肘を伸ばさなければなりませんが、肘を伸ばすことが目的ではなく、物打に力を入れるために伸ばします。肘が曲がった打突は、鍔寄りに力が入ることになり、肘を伸ばし過ぎると剣先側に力が入ることになり、ともに物打に力が入りません。

手首の遣い方は『山田次朗吉著・剣道集義』に書いてありますが、中指の延長が前腕中心線に一直線となるようにして、手首が上下に曲がらず自然に伸びた状態を「切り手」といいます。

この状態が、構えた時に身体全体の力が竹刀に効率よく伝わる手首の遣い方で、面を打つ時にも手首が「切り手」になることによって、物打に最も力を入れることができます。

手首の親指側が縮んだ状態を「留め手」、逆に伸びた状態を「延び手」あるいは「突き手」と書いてあります。

肘の伸ばし具合や手首の遣い方は、間合や打突する部位によって若干の変化があります。

左足の引きつけ

左足の引きつけが早いと打突が有効になりやすい

「決める」ために重要なポイントは、左足の引きつけです。左足の引きつけは、打突後に適正な姿勢を保持する上からも重要です。

そして、素早い左足の引きつけは、強い打突及び冴えと関連があります。

打突後の手の内と腕の弛緩は、左足の引きつけがなされたときと同時に行なわれるような感覚ですので、左足の引きつけは打突の冴えと密接な関連があります。

打突後、左足が右足の前に出るような足さばきは、引きつけが遅くなり「決まり」が悪くなります。

面打ちの場合と小手打ちの場合とは左足の引きつける時間が変わってきます。例えば跳び込み面で一メートル踏み込んだとすると、小手は七十センチでよいですので、踏み込みの距離に応じて左足の引きつける時間も変わらなければ「冴え」がなく、技も決まりが悪くなります。また、左足の引きつけが遅く、足が広がった体勢は不安定で、体当たり等で崩されてしまう危険性があります。

私は若いときから、左足の引きつけが「決め」と関連性があると思い実行してきました。ほぼ同時の打突があっても、左足の引きつけが早かった方に、旗が上がったことを何度となく経験しています。

また、打突する際は、刃筋はもちろんのこと、打突後の刃筋は「決め」にとっては重要です。意外と重要視していない人が多いように思います。

試合審判細則第十条「刃筋正しく」とは「竹刀の打突方向と刃部の向きが同一方向である場合とする」とあります。正しい刃筋であるならば、打つ角度と上がる角度は原則的には同じと考えるべきであります。

刃筋正しくとは、打突前、打突中、打突後（決め）を含めてのことであると思っています。打ちが流れるのは、左右のみでなく、後方への流れもあります。

左足の引きつけ

左足の引きつけは打突の冴えと密接な関連がある。打突後、左足が右足の前に出るような足さばきは引きつけが遅くなり、決まりが悪くなる

発声
メとンの間の発声をできるだけ短くすると技が締まる

発声は、充実した気勢の一種ですが、剣道においては、気勢の大部分を占めると思います。

打突部位の発声は、メン・コテ・ドウ・ツキと二文字ですが、発声は「阿吽《あうん》の呼吸」と教えられたものです。

すなわち「阿～メ～声を出す状態。吽～ン～声を締める状態」です。面打ちの場合メとンの発声をはっきり発音すると共に、メとンの間の発声をできるだけ短くすることが大切です。ンの発声で肚が締まり、左足の引きつけ、左手親指の入れ込みが早くなります。発声・肚・左足・左手の内は密接な関係があり、打突後の体勢が整い「決める」ことができます。

面打ちが三十センチ切り下げるとすれば、小手打ちは小手の幅だけ斬れば良く、それより下への打ちは無駄と思います。したがって、コとテの間の発声は、面打ちより短くなくては「決まり」が悪くなります。

発声

発声は充実した気勢の一種であり、剣道では気勢の大部分を占める。打突部位の発声は、鋭く出すと同時に、鐘を突いた後のように余韻が必要

声は、鋭く出すと同時に、鐘を突いた後のように余韻が必要です。私は、残心を取り、相手に対して身構えるときまで、声を伸ばすようにしています。声が途中で止まると、身体の気勢も緩んでしまいます。最近、一つの技に対して、メン（呼吸）、メン等と二声を発する人を見かけますが、呼吸法からも身体の運用からも理にかなっていません。

発声にも強弱が必要です。連続しての打突は、前の技より後の技の方の発声を大きく出す必要があります。応じ技の場合も、仕かけてくる相手の声よりも、更に大きな発声が必要です。

決める技術十カ条

仕かけ技、応じ技。技に応じて決め方は異なる

鍔ぜりからの引き技は、相手からの離れが瞬間的に早いほどよく、引き面は打った後、左拳の下から相手が見える程度にして、竹刀の角度は後方約四十五度で、上段の構えの位置にします。

引き胴は、腰を相手に正対させます。竹刀の引く方向に体の向きを持っていくと、竹刀が流れたように見え、打ちが弱く感じます。

変化技は別として、仕かけ技のほとんどは右足打突でする必要があります。仕かけ技の中で左足打突は、かつぎ小手だけです。

応じ技は、技によって右足打突と左足打突の双方がありますが、左足打突の時には、右足の引きつけを早く行なうことが必要です。

胴の応じ技である返し胴・抜き胴等は、腰がそのままの向きですり抜けたほうが決まりがよく、胴打ち以外の応じ技は、自分の正中線が相手の正中線に向くことが必要です。

以下、まとめとして「決め」をつくるための私の実践法を紹介します。

一、気を充実した構えをする。
二、打突できる間合をとる。
三、打突の機会をつくる。
四、打突する際、捨て身で踏み込む。
五、竹刀操作は、刃筋に注意を払う。
六、打突動作は、最後までしっかりする。
七、打突の際には、鋭い発声を心がける。
八、右足打突では左足の引きつけを、左足打突では右足の引きつけを早く行ない、腰を安定させる。

仕かけ技、応じ技。技に応じて決め方は異なる

九、打突後は、余勢が終わるまで発声を伸ばし、残心を示す。
十、頭持ちを正しく保つ。
　これらを意識していますが、なかなか思うようにいかないのが現状で、日々鍛錬の必要性を痛感しています。

末野栄二の剣道秘訣

昇段審査
仕事との調整を図り、精一杯・最大限の努力をする

私は、六段までは一回の受審で合格させていただきましたが、七段は三回目、八段は十回目での合格となりました。不合格の時は様々な要因が重なりましたが、自分の実力のなさを痛感しました。審査は実力もさることながら、相手にも恵まれて、運良く昇段することもありますし、その逆の不運もあります。昇段する前に苦労するか、上がってから苦労するかで、苦労の内容はほぼ同じなのでないかとも思います。しかし、上がってからの苦労の方が、精神的には苦しいのではないのか。八段挑戦十回の苦労が、私には丁度良かったと思っています。

全日本選手権の優勝は獲得するものですが、審査は自分の実力がどの程度まで向上しているかを、評価してもらう場所です。合格できる年齢には各自差があると思いますが、七段までは、次に掲げる三点を守れば、合格は夢ではないと思っています。

一、基本に則した打突を心掛けること。

二、良き指導者に付くこと。

三、稽古を真剣に継続すること。

審査とは

理にかなった刀法、平常心、不動心を求める心法をめざす

六段以上の審査についての基本的な考え方としては、全剣連が行なう審査でありますので、剣道の理念に沿って実施されるものとして考えなければなりません。「剣道は剣の理法の修錬による人間形成の道である」とある以上、その理念にしたがい、剣道をとらえるべきだと思います。理法とは、刀剣による攻防の理法という意味であり、剣という言葉を真先に掲げたのは、刀の観念で行なうべきであるということを強調しています。

理法とは、非常に幅が広いですが、刀の操法、身体的な働き、間合、打つべき機会など技術的なものと、呼吸、気、心など精神的なものとがあります。すなわち、刀法と心法と身法があり、心正しく技が理にかなってこそ、格調高い剣道が体得できると考えるべきです。刀法においては理にかなう正しさ、心法については平常心、不動心を求めつつ、敬愛の気と人のためにつくす心情を養い、常に身をもって修錬することが大切であります。各段に応じた受審心得として前述のような理念をよく理解し、修錬を怠らないよう努力精進しなければなりません。もちろん、四段五段の段階で高段受験の基礎をしっかり培うべきであると思います。

審査は、単なる外観上の動作のみですべてを評価できるものでなく、外に表れる動作は、内面的な無限大の心の作用によって表現されるものであり、内面的な心の錬磨と気の充実をはかることが望ましいと考えられます。剣道においては、心が本であって、

審査は、単なる外観上の動作のみですべてを評価できるものでなく、外に表れる動作は、内面的な無限大の心の作用によって表現されるもの

技はその本体の発露と考えるべきであり、目に見えない心と、目に見える身体との媒介となる、気の充実をはかることが、大切であることはいうまでもありません。また、技術の錬磨も、心気を磨くことと相まって重要なことであります。特に志を高く持ち姿勢を正し、呼吸を調え、丹田を練ることによってその気を養い、平素の道義的行為を重ねることによって、剣道の目的達成に一歩前進することが、高段者に与えられた責務である、ということを自覚せねばなりません。要するに、高段受審のあり方としては、講習会・研究会・稽古会等を通じて、自己の心法・刀法上の修錬と工夫のほかはありませんので、各自平素の稽古を真剣に正しく効果的に行い、百錬自得することが望ましいと考えるべきです。

段位の付与基準（規則第十四条）に、六段は「精義に錬達し、技倆優秀なる者」、七段は「剣道の精義に熟達し、技倆秀逸なる者」となっています。

また、審査上の着眼点として「一、正しい着装と礼法」「二、適正な姿勢」「三、基本に則した打突」「四、充実した気勢」「五、応用技の錬熟度」「六、鍛錬度」「七、勝負の歩合」「八、理合」「九、風格・品位」があり、初段から三段は一～四項目、四段及び五段は一～七項目、六段から八段は八・九項目が追加された上に、さらに高度な技倆を総合的に判断し、当該段位相当の実力があるか否かを審査します。三段以下の四項目の着眼点は、高段受審者も忘れてしまっている人が多いですので、今一度見直すことが必要です。

事前準備

上位者の剣先を乗り越える精神力を稽古で養うこと

審査に当たって最近よく感じるのが、修業年数に達したから受審されたのではないかという方を多く見かけます。六段受審であれば「五段受有後五年以上修業した者」となっていますが、修業しなくてただ五年経ったので受審しようかでは、合格は不可能と思います。修業していても、高段位の合格は難関ですので、これ以上できないと思うくらいの努力が必要です。決して毎日稽古をしなさいという意味ではなく、仕事等との調整を図りながら、自分で精一杯・最大限の努力をすることが大切かと思います。

基本打突は、三段以下のみではなく、四段以上でも段に応じた基本があり、打突があります。指導者に恵まれない人は、機会をみて良き指導者のアドバイスを受けることが大切です。自然とそしていつの間にか、横道に逸れてしまうのが剣道です。永年の修業で培った個性は評価されるでしょうが、個癖では、マイナス要素が高くなります。今一度、聞く耳を持って、初心に帰り指導を受け直すことが、合格への近道であると思います。

　五段に合格したら六段受審の準備を、六段に合格したら七段受審の準備をすることも大切です。合格した段位に嬉々としないで、さらに向上心を持つことが、段位合格のみならず、剣道を含めたあらゆる道の向上にもつながると思います。

　段が上になるにつれて、元に立つことが多くなりますが、上位者との稽古をするか否かで剣道が変わります。上位者へは簡単に有効打突を奪うことはできませんので、掛かる稽古を忘れてはいけません。上位者の剣先の威力は強いものです。その剣先を乗り越えられる精神力を持っていると、同等との立合は余裕がでてくると思います。

　審査で七十歳を越えた方が、遠間から捨て身の面技を出されるのを見ると、有効とはならなくても、修錬の度合いを感じることができます。下位の人と稽古をするときも、気を抜かないことも大切です。掛かる上位の人がいない人は、打ち込み稽古をしっかりするしかありません。

　竹刀の準備も大切で、使いやすい竹刀を二〜三本選定すると同時に、相手に危害を与えないよう、中結いの位置など点検整備するのも当然で、審査中に竹刀の不備で中断しないよう気を配りましょう。

　剣道着や袴は、新品を着用する必要はありませんが、折り目を付け、身体に馴染んだ物が良いでしょう。結婚式等の大事な場所には、それに相応な着衣で行くのと同じではないでしょうか。

　剣道具も、身体の一部として違和感がないように馴染ませておきます。面紐の長さ（結び目から四十センチ以下）などにも気を配りたいものです。

審査当日

余裕をもって行動すること。一人対二人の立礼にも慣れておくこと

　会場は、公共施設を使用することが多いですので、開場時刻を厳守しているところがほとんどです。午前の審査の人は、早く着いても入場できず、冬場は寒さに凍えたり、夏場は汗だくになったりと、審査の前に体調を崩さないよう注意が必要です。また

逆に受付時間に遅れないよう、事前に会場までの所要時間等を調査しておきます。

午前中に四百人が審査申込をして、五つの審査会場あったと仮定すれば、一審査場に八十人が振り分けられます。低年齢から順に組合せをしていきますので、若い人は第一審査場、最高齢者は第五審査場の最後尾となります。その途中の年齢の人は、会場の最後尾となるか、次の会場の最初になるかは、申込者の数で振り分けますので注意が必要です。心の準備ができていないうちに、立合をすることもありますので、自分の年齢を元に、審査場を早めに確認しておきましょう。

一人対二人の立礼にも慣れておくこと

現時点での審査時間はおおよそ、六段一分間、七段一分三十秒間、八段二分間となっています。四人一組で立合をしていきますので、実質の時間は、六段は四分間、七段は六分間となりますが、交代の時間が各組一分程度かかりますので、一組が終わる時間は、六段は五分間、七段は七分間を目処に時間設定をすれば、自分の出番の目安ができると思います。ときとして、立礼から時間が開始される場合もあります。一人対二人の立礼の仕方にも慣れておきましょう。

審査員に配付される審査票は、五組二十人分が一枚ですので、二枚〜三枚で休憩に入り、午前前半の発表、昼食後に午前後半の発表と、一日四回発表されるのが通例です。実技合格の発表があったら、直ちに日本剣道形の審査が実技とは別会場で実施されますので、遅れないよう係員の指示に従います。

受審するにあたっては、審査時の服装を正すことは前記しましたが、会場に向かうときの服装にも、最低限のマナーを守ってほしいと思います。来場時にスリッパ履き、短パンでの受審者も時々見かけますが、寂しい気もします。

稽古

乗って攻め、一技一技を打ち切る稽古が大切

各審査が終了したら、全剣連発行の『剣窓』に、実技及び剣道形の審査員の講評が掲載されますので、購読を勧めたいと思います。講評内容は、審査員により多少の変化はありますが、内容は毎回ほぼ同じです。そのポイントを稽古の時に意識して行なっているか、漫然と行なっているかで、合否の評価をいただくことになると思います。逆に捉えると、いつも講評で指摘されていることを、守っていない受審者が多いということだと思います。

平素から、気を充実し、相手に乗って、攻めて、間合を詰め、機会を捉えて、一技一技をしっかり打ち切るという、過程を大切にする稽古が必要となってくるでしょう。その過程の結果として、自分の内面が打突として表現されることになります。審査で自己の表現がしっかりできるように、平素の稽古で取り組むことが大切と思います。

六段の審査時間を、一分しかないと捉える人は打ち急ぎをするでしょうし、一分もあると思う人は無駄打ちをせずに、じっくりと立合をするでしょう。審査をどのようにとらえるか、剣道観をどう持つかで、剣道の内容が変化してくると思います。

希望される段に合格されても、剣道は昇段が目的ではありませんので、さらなる奥義をめざしていくことが大切と思います。

「剣道とは、刀を手にし、方便に従い、相手を前に置き、仮に勝敗を論じ、真に今のここの精一杯の働きを鍛錬し、人生を創造するものである」と説いた澤木興道禅師の言葉を、私は気に入っています。

末野栄二の剣道秘訣

立合に臨む
審査員の第一印象は凛とした発声で決まる

審査は、段位審査規則によって行なわれます。段位・級位によって審査の方法は異なりますが、立合の良し悪しで合否が決まります。

合格するつもりで受審する人がほとんどですからどうしても固くなったり、いいところを打ってやろうとするのが人情です。しかし、そのような気持ちで臨んでよい結果が生まれるはずもありません。普段の稽古で取り組んだことを出す。そのような気持ちになれれば肩の力が抜けるはずです。肩の力が抜ければよぶんな力が抜けていますので相手の動きが見えます。相手の動きが見えれば、機会に応じて技を選択するだけです。打つ前のつくりを充実させるようにしたいものです。

立合において、わたしは「気勢」「基本打突」「気位」「錬り」「体のキレ」「間合と機会」を重点的に見るようにしています。

気勢

審査は同格。相手より充実した気勢が絶対にほしい

最近、とくにこの気勢が不足している受審者が多いように感じます。試合規則第十二条に「有効打突は、充実した気勢、適正な姿勢をもって……」とあるように、剣道においては、気勢が一番だとみなさんも感じていることと思います。

審査員は、体から発せられる気勢も感じるが、わかりやすいのは発声である。腹の底から、凜としたハッキリした口調での発声が必要

気勢が出てこないのにはさまざまな要因があることと思いますが、以下の点に気をつけられて審査（立合）に臨んではいかがでしょうか。

受審の年限がきたので、とりあえず受審してみるという気持ちでは、当然合格は難しいでしょう。自分は、その段位にふさわしい稽古をし、実力をつけているのかを、指導の先生にうかがってから受審するのも一つの方法です。

体調は万全ですか？　気の元は当然身体です。例えば発熱していては、気勢も充実しないのは当たり前です。運動・休養・栄養の三つバランスが必要といわれますが、稽古は万全であっても、アンバランスな食事、睡眠不足では気勢も半減します。今一度体調管理にも目を向けましょう。

審査の立合は、以外と早く来るものです。面を着けて前の人の立合を見ている時に、身体をほぐしながら、気を充実させましょう。そのためには「長呼気丹田呼吸法」等を身に付け、短時間に気を充実する方法を学んでおくことも大切です。呼吸法は色々なやり方が書籍として市販されていますので、書店をのぞいてみてください。

丹田に気が充実したときに、内面が一杯になり、溜めおくことができずに、溢れ出るような勢い、これが気勢です。そして、口を伝わって気が外に弾け出される。これが発声です。気勢が気声に変化するのかもしれません。

審査員は、体から発せられる気勢も感じますが、なんといってもわかりやすいのは発声です。腹の底から、凜としたハッキリした口調での発声が必要です。

相手と対した時の発声は、余り長すぎると、直ちに息を吸い込まなければなりません。吸う息は虚となりますので注意を要します。

気勢の最後は、やはり相手よりさらなる充実した気勢が必要となってくるでしょう。審査で対する相手も同じ段位ですので、その人よりは自分のほうが上であることが必要です。相手と同じ実力・同じ気勢では合格は難しいでしょう。

基本打突

正中線を意識。切り終わりを大切にする

できているようでできていないのが、基本打突ではないでしょうか。稽古は基本の積み重ねです。審査基準に初段から「基本に則した打突」がありますが、三段以下の基準だけではありません。当然五段審査でも八段審査でもその基準は、生きています。

ところが、社会人になると稽古の時間の確保がままならないために、相互稽古のみで終わってしまうのが、一般的ではないでしょうか。剣道の基礎的な要素がたくさんある切り返しも、準備運動のかわりに行なわれているようなところも散見されます。

一時間の稽古時間があったら、少なくても十五分から二十分は基本・打ち込み・切り返しの時間を確保する必要があると思います。しかも、単なる基本ではなく、実戦に通じかつ、有効打突になる基本です。

審査で「あの人の打ちは当てっこ剣道だ」という言葉をよく聞きますが、次のような点に気を付ける必要があると思います。

刃筋の方向については、審査をしながら間違っている二つの点を感じます。

一、竹刀は正中線にありながら、身体が右に逃げながらの打ち。

二、身体が正中線にありながら、竹刀が右から出ての打ち。

審査では、正面打ちが基本中の基本ですが、竹刀の動きは、まっすぐ振り上げて、まっすぐ振り下ろすだけの単純な動作です。

身体が右に逃げた打ち

竹刀は正中線にありながら、抜けることを意識するあまり身体が右に流れた打ち

正中線をとらえた打ち

刃筋正しく打ち、引きつけを早くし、切り始めから切り終わりまでの動作を短時間で行なう

その動作が、打ちたい気持ちが強すぎたり、打たれたくない気持ちが強過ぎが出てしまい、上手くなされないかもしれません。平常の稽古が大切です。

日本刀で物を切るとわかりますが、刃筋を正しくしないと、切り始めは刃が入っても、途中で刀が弧を描き止まってしまいます。剣道の原点は日本刀での切り合いですので、切り始めから切り終わりまで、手の内の作用を正しくする必要が、高段者になるほど求められると思います。そして、切り始めから切り終わりまでの動作が、短時間に行なわれるほど、打突が冴えます。そのためには、後ろ足（通常は左足）の引きつけを早く行う必要があります。

竹刀が右から出た打ち

身体が正中線にありながら、右手に力が入りすぎて、竹刀が右から出た打ち

打突時から打突終了を経て余勢まで、自分の正中線が相手の正中線にあることが原則ですので、基本や稽古の時に充分気をつける必要があります。打ち込み稽古は、この正中線を打つ絶好の稽古ですので、短時間でもよいですから、行なうことが大切です。

このような点に注意して稽古をしていると、本番で有効打突がなくても、それに近い打突があった場合は、評価してもらう傾向が強いと思います。個性のある打突は有効ですが、個癖のある打突は有効打突になりませんので、注意する必要があります。

気位

有効打突の条件を求めることが気位につながる

「事理一致」の言葉がありますが、心正しく技が理にかなってこそ格調高い、気位のある剣道を体得できると思います。

段位審査の方法の着眼点として、六段から「風格・品位」(この項では「気位」)が出てきますが、剣技と同じで一朝一夕にできるものではありません。審査の方法としての着眼点は六段以上でありますが、五段以下でも、その段にふさわしい気位がなければいけないと思っています。六段を受審するときになって急に気位ができてくるはずはありません。

「気位とは、花の匂いのようなものである。あれども目には見えず」とはよく言い表した言葉であると思います。

目に見えない気位をどのように形作っていくかは、難しいものがありますが、わたしはこのように思っています。

三段審査までの着眼点である「正しい着装と礼法」「適正な姿勢」「基本に則した打突」「充実した気勢」を反復稽古することが一番大切であると思います。

その修錬の結果、四・五段審査の着眼点である「応用技の練熟度」「鍛錬度」「勝負の歩合」が自然と身についてくると思います。

もう一つ忘れていけない重要な点は、心の修行です。いくら有効打突を取れても、精神状態が悪くては「気位」は生まれないでしょう。

三段審査までの着眼点である「正しい着装と礼法」「適正な姿勢」「基本に則した打突」「充実した気勢」を反復稽古することが気位を養う

高段受審者は、技術のみを教えてくれる指導者ではなく、心の在り方まで教えてくれる指導者を持つ(探す)ことが大切でしょう。道元禅師の「正師を得ざれば、学ばざるにしかず」の言葉を、噛みしめる必要があると思います。

気位が高いほど、相手と対したときの「位取り」も優位になり、心で行なら剣道に脱皮するよい機会になるかも知れません。

錬り

上掛かりの稽古で剣先の恐怖心を取り除くこと

審査の合格率が、年々低下しているといわれていますが、審査基準が厳しくなっているのではなく、受審者側に問題があるのではないかと思っています。

大きな要因は、受審資格の年数でしょう。この年数は、段取得後に上位の段位受けるための修業年数の最低年数ですが、修業(稽古)はあまりやらずに、年数がきたから受審しようとする人も多いように感じます。

また、お互い同士の稽古はしているものの、上位者への「掛かる稽古」が不足している人も多く感じます。上に掛かると、気力がまず違ってきます。そして、相手の剣先が怖くなくなるという不思議な現象も身についてきます。捨て身の技も、短い審査時間に必ず出るようになります。これは上掛かりをしないと身についてきません。七十歳を過ぎた受審者でも、びっくりするほど遠間からの跳び込み面を出される方も見かけます。当然審査員の評価は高くなります。

「鍛錬」とは、金属を鍛え錬ること。と辞書にありますが、鍛えに鍛えた日本刀は、力強さと美しさを兼ね備えて、見る人の心を奪います。審査員の心を奪うためには、稽古によって鍛えに鍛えたところから発せられる、立合が望まれます。

審査のお相手を打つことも大切ですが、お相手の部位を打突できなくても、稽古の錬りによっては、審査員の心を打つ剣道ができるようになるでしょう。

合格証書には、各段の記載と「右授与する」の文字がありますが、試合は相手に勝つことにより勝利を獲得するものです。しかし昇段審査は、自分がその段位に相応しい実力を有しているかを審査してもらいますので、誤解のないように受審することが大切だと思います。

体のキレ

重要なのは発声・下腹の締め・左足・手の内

稽古をいくらやっていても、身体にキレがないと評価は低いようです。体さばきの際の身体のキレは、技のキレにも通じます。前項で述べたように「錬り」との関連性も出てきます。

身体のキレの中で最たるものは、後ろ足（通常左足）の引きつけです。素振りは、左足打突。打ち込みは、右足打突と言われていますが、わたしの経験では、打ち込みも左足打突と思っていません。打突の瞬間はまだ右足は床に着いていません。わたしは、切り終わったときに右足が着地すると思っています。基本打突でも述べましたように、切り始めから切り終わりまでの動作を、短時間に行なう必要があります。

一、発声

二、下腹の締め

身体のキレの中で最たるものは、後ろ足の引きつけ。身体のキレが、技のキレにつながる

三、左足の引き付け
四、手の内の締めと解禁
そのためには右記の項目を同時にしかも短時間に行なうことが大切です。とくに打突後に左足が右足より大きく前に踏み出すような足さばきは、当たっても決まりにくいです。

また、自分の正中線が相手の正中線の方向に瞬間・瞬間に向くことが大切です。相手の方向に向けるというのは、キビキビした稽古をしなければ、本番での審査で動くことができません。審査では、同年齢の人と組み合わされますので、心は冷静になりながら、身体の動きは相手より上回ることが、身体のキレになり、技のキレにも通じてきます。

稽古では、苦しいかもしれませんが、短くてもよいですので、激しい稽古を心がけてください。そうすることにより、有効打突が生まれてくるようになるでしょう。

間合と機会

実戦では一足一刀の間合では届かないことが多い

「間違い」という言葉があるように、間合と打突の機会の捉え方は、相手のあることだから非常に難しいものです。

審査では、有効打突を奪うことも大切ですが、攻め合いの中からいかにして打突の機会を捉えるか。言い換えれば打突までの過程・プロセスをしっかり行なっているかの方がより大事だと思います。

審査員も審査をしながら、立合をしている気持ちになる場合があります。攻め合いをしながら、間が詰まり、「そこだ」と思う瞬間に打突が出ると、審査員の心を打つことができます。

問合は、「一足一刀の間」からの打突をするようにと言われますが、わたしはその間合からもう少しだけ、間を詰める必要があると思います。ただし、間が詰まったところで止まってはいけません。そこで止まると、「近間」での攻防と思われてしまいます。

「一足一刀の間」は、一歩踏み込めば当たる間合であり、一歩退けば当たらない間合ですので、相手がわずかでも間切りをすると、自分の竹刀が空を切ることになります。「切り結ぶ太刀の下こそ地獄なれ　踏み込みみれば　跡は極楽」の古歌もあります。

問合は大丈夫でも、機会を捉えなければ有効打突は生まれません。出ばな・受け止めた所・居ついた所が打突の好機です。常の稽古で相手の心を打つ修業をすることが大切です。審査時に出ば

一足一刀の間合は、一歩退けば当たらない間合。相手がわずかでも間切りすると、自分の竹刀が空を切ることになる。本番ではわずかに詰める必要がある

なを狙う人がいますが、出ばなはここと思ったときには、打突していることが必要ですので、眼で見ては遅れます。心の眼で観ることが大切です。五輪書にある「観見二つの目付」の気持ちです。

打突をする際、二つの傾向があります。

一、相手から打たれる怖さがあり、その前に、早く打ちを出す人

二、間合と機会をしっかりと捉えて打突をする人

相手に乗って、攻めて、機会を捉えるという、過程を大切にする稽古が必要となってくるでしょう。

稽古のときも、有効打突があったら、一回一回剣先が離れるところから、攻め合いをする習慣を身につけることが大切だと思います。初太刀の連続が、地稽古であると思います。

素振り

左手でもなく右手でもない。左右のバランスをとること

剣道の理念に「剣の理法の修錬」とありますが、理法はご存じのとおり、大きく分けて「心法」「刀法」「身法」の三つがあります。

若いときから、素振りの大切さについては各先生から指導を受けていましたが、八段になってとくに素振りの重要性を意識するようになりました。刀法は、素振りそのものだと深く認識するようになったからです。もう少し早くこのことに気づいていれば、上達が早かったのにと悔やんでいます。

剣道に対する考え方が様々であると同様に、素振りに対してもさまざまな考え方があると思います。

稽古や試合で左拳から相手が見えるまで振り上げて打つ技は、捨て身で振り上げることがあっても、仕かけ技では、ほぼ見られません。応じ技では、小手抜き面・面抜き面でしか見ることができません。それなのに、素振りはなぜ大きく振り上げる必要があるのでしょうか。

振り上げたとき、剣先は左の拳から下がらないようにと指導を受けますが、国体等の各種大会での試合前の素振りを見ていると、ほぼ全員、剣先が下がっているのはなぜなのでしょうか。

疑問に感じている方も少なくないと思います。

平成二十年七月に全剣連から「剣道指導要領」が発行され、第五節に素振りの目的が記載されています。

一、竹刀操作や竹刀の正しい動きの方向（太刀筋）を習得する。
二、打突に必要な手の内を習得する。
三、足さばきと関連させて打突の基礎を習得する。

まさしくそのとおりだと思います。

その他、

四、初心者（とくに低年齢者）は、竹刀を振る筋力をつけさせる。
五、大きくすることによって、腕の筋肉の使い方を覚えさせる。とくに振り上げる際には、前腕及び上腕ともに通称下筋と呼ばれる、小指側の筋肉を使うことを体得させる。

などの効果もあると思います。

竹刀の操作は、左手が主導となりますが、左手のみで操作するのではありません。右手に力が入る人が多いため、左手主導と言われる所以ですが、あくまで左手と右手のバランスが大切なのです。

実戦に活かすには、「大きくゆっくりから、小さく素早く」打てるようにする必要があります。以下、このような視点で基本中の基本である、正面打ちの素振りについて記したいと思います。

振り上げ

中段の構えを維持したまま竹刀の重さを感じながら振り上げる

重要な点は、刃筋を正しく、物打に力を入れ、切る動作を早く、かつ円滑に竹刀を操作することです。

試合や稽古では、小さく素早く打ちます。小さく振るためには、手の内の作用が大きく影響してくることになりますが、その前段階として物打をある程度大きく（左拳の下から相手が見える程度）振り上げる必要があります。しかし、大きく振り上げても、筋肉の使い方や太刀筋に間違いがあると、打突するまでの間に渋滞が起こってしまいます。

小技になるか大技になるかは、振り上げる角度が小さいか大きいかだけの問題だけですので、前記の五項目を頭に入れながら素振りを行なうとよいと思います。

　ここでは大きな動作の説明を重点にしていきます。

　腕の動作は、左肩が支点で左手首が力点。両手の関係は左手が支点で右手が力点となります。竹刀は、柄頭が原則支点となります。

　振り上げは、手元から動かすことがないように、剣先から先に動かします。両肘を、張ったりすぼめたりしないで、前から見た場合そのままの角度で振り上げていきます。

　右手首と柄との角度を初動のときは変えません。最初に手首を折って上げようとすると、前腕上筋を使うことになり、右小手に大きく隙が生じます。

　最大に振り上げたとき、左肘は少し曲がり、右肘は左肘よりも大きく曲がります。中高齢になってから剣道をはじめられた方は、とくに肩関節や肘関節の使い方が堅いですので、できるだけ大き

剣先から動かす

振り上げは手元から動かすことがないよう、剣先から先に動かす。両肘を張ったりすぼめたりしないで前から見た場合、そのままの角度で振り上げていく

く振り上げ、関節を柔らかくする必要があります。

振り上げ時、左手の握りが変わらないようにします。ただし、振り下ろしに移行するためには、左手の握りは変わらずに、左手の力を弛めなければなりません。小指を弛めるなと言いますが、柄頭と手の平を離さないようにします。こうなる原因は、「左手が前に出すぎた場合」「振り上げが大きすぎた場合」などが考えられます。とくに左手が前に出すぎた場合は、打つときに肘が引かれてしまい、物打に力が入りません。

振り上げの最大時には、鍔が後頭部に近いほうがよく、左拳よりも剣先が下がってもかまいません。日本刀や木刀とは柄の長さ（右手と左手の間隔）が違いますので、肩を支点にできるだけ大きくすると、左右の腕ともに下筋が使われるのを意識できると思います。

鍔が後頭部近く振り上げるのは、物打の距離および時間を短くするための大きなポイントです。

前記の要領（振り上げの軌道を変えずに）で、振り上げの途中で止め、角度を少なくすると、剣先が左拳より下がることがない四五度の角度の振り上げや、それよりも少ない振り上げ（小技）で面を打つことにつながってきます。

振り上げのときに下筋を使うのは、大きなポイントです。小さく打つ場合に小手を押さえられる大きな原因は、力んで上筋を使い、右手首と柄との角度が大きくなるためですので、竹刀の軌道および両拳の軌道を大技のときと変えずに行なうことがポイントとなります。

振り上げの最大時には、両手首とも少し折れることになりますが、これは打つ際に物打に力を加えるためで後記します。

以上が素振りの場合の振り上げの要点ですが、力をできるだけ抜き、竹刀の重さで振る感じが良いと思います。

昔の本に「振り上げは左手を前に突き出し……」と書かれているものがありますが、左手を前にとは、相手の方向ではなく、中段の構えからあくまで前記した素振りの軌道上と思ったほうがよいと思います。下腿の動作より腕が先に伸びてしまうと、足の運びに影響が出てきます。

大技・小技の考え方は、肩関節を大きくするのか小さくするのか、振り上げるときの左腕の開きの角度の違いと理解したほうがよいと思います。

振り下ろし

手の内は絞りきらない。物打に力を入れるために肘を伸ばす

右手は、物打が短い距離で面の位置に行くようにしながら、概ね肩の高さまで下ろします。左手が支点となり、右手が力点となります。

両手の関係は、テコの原理を応用します。右手は「押し手」左手は「引き手」の教えがありますが、これは掌中の作用の要領で、腕の使い方ではありません。誤解して、右腕を前に突き出しながら、左肘を引く人がいますが、物打に力が入らず、むしろ剣先の方向に力が逃げますので注意を要します。

円滑な円運動で、いかに早く力強く竹刀（物打）を振り下ろすことができるかが大切です。ただし、力を入れすぎると刃筋が立たなくなるので注意を要します。

『五輪書』（水の巻）の「太刀の道といふ事」に「太刀はふりよき程に静かにふる心也」「肘をのべて、つよくふる事」とありますが、静かに強く振ると刃筋のごまかしができませんので、最初はこの気持ちで振りおろすとよいでしょう。

振り下ろしは、左手は、水月の高さまで引き下ろす感じです。

手の内は軽く絞る

左手は水月、右手は肩の高さまで下ろす。左手が支点、右手が力点となる。振り下ろしたとき、手の内は絞りきらない。親指と人さし指の分かれ目は弦の延長線においているので、その位置を変えない程度にする

面に当たる直前に、振り上げたときに折った右手首を伸ばし（押し手）ますが、いわゆる「切り手」と言って手首が小指側にも、また親指側にも曲がらないようにします。左腕は伸ばしながら、面に当たる点では、左手首を支点として、左拳を上の方に若干引きます（引き手）。すなわち面に当たる直前は、柄の中程の左手寄りが支点となります。この最後の両手首の使い方は、居合等の要領と同じです。居合は引き切り、剣道は押し切りと言われますが、剣道は身体が打った後に前に移動する距離があるため、押し切りに見えるだけで、手の内の作用は引き切りでなければならないと思います。

物打を面の高さにすると、実際の場合は面の上でとまってしまうので、こめかみの高さまで切り下ろす要領で振る

物打を面の高さにすると、実際の場合は面の上で止まることになりますので、物打がこめかみの高さまで切り下ろす要領で素振りをします。顎まで下ろすと、手首が伸びてしまい、切り手の状態にならず、剣先に力が入る「延び手」の状態になってしまいます。

肘を伸ばすのは、物打に力を入れるためであり、遠くに届かすためではありません。肘を伸ばすことは大切ですが、肩が前に出る打ち方は、物打に力を入れるためには余分な力が必要になったり、体勢が崩れやすく、踏み込み足で行なう場合、跳び込みの距離が短くなるという欠点も出てきます。

振り下ろした場合に、「手の内」を軽く締めます。「茶巾絞り」「手拭い絞り」「雑巾絞り」等色々な説がありますし、私も各種行なってきましたが、「軽く絞る・絞り切らない」感じのほうがよいように思います。構えたときに両手とも、親指と人さし指の分かれ目を弦の延長線に置いていますので、その位置を変えない程度の絞りで良いような気がします。絞りすぎることで、逆に刃筋が正しくなく、打ちが流れることにもなっていると思います。また、手の内は「緊張と解禁」といわれますが、解禁状態に直ちに移行するためには、絞り切らないほうがよいと思います。この手の内の要領は、連続打ちが上手な人のほとんどが、自然に使っています。

振り上げから振り下ろしに移行する場合は、最大に振り上げたところで止めないようにします。一挙動で行なうことが必要です。振り上げる早さと振り下ろす早さは、ほぼ同じでよいと思いますが、打ちを強くするためには、振り下ろしの速度を若干早く、打突点ではなお早く振り下ろす必要があります。これについては、足の運びとの関連性が出てきます。

肘の伸ばし方は、面に当たる直前に伸びることが大切です。左拳が下りてから右肘が伸びたり、頭上で右肘が伸びると物打の距離が伸びるため、その分だけ時間が長くかかることになります。

足の運び

踵の高さに注意。移動時は足の裏を見せないようにする

前進後退正面素振りの場合には、前に出るときには左足で蹴り出し、下がるときは、右足で後ろへ蹴る感じが必要です。

出るときには、左足の引きつけを早く、下がる時には右足の引きつけを早くします。足の引きつけの早さは、竹刀の振り下ろしの速度と関連性があります。

構えたときの右足と左足との幅および距離は、移動した時に変わらないようにすることが大切です。

前進するときに、左足の引きつけが悪くて残っていたり、逆に左足先が右踵より前にいく人、また、重心が前に行きすぎて右踵が浮く人を見かけます。後退したときには、左踵が床に着く人も見かけます。足さばき、とくに踵の高さは、稽古時におけるアキレス腱断裂等の下腿の怪我にもつながってきますので、素振りのときから気をつける必要があります。

踵の高さは、前進後退や左右に移動したあとに止まったとき、

引きつけを早くする

足の引きつけの早さは竹刀の振り下ろしの速度と関連性がある。前に出るときは左足で蹴り出し、下がるときは右足で後ろへ蹴る感じを身につける

変わらないようにしたいものです。移動する際には、足の裏が後ろから見えないよう、踵にある程度力を入れる必要があります。

移動する前後の距離は、大きいほうがよいですが、膝が大きく曲がりながらの移動は、腰が水平移動にならず、上下運動しながらの移動となるため、腰の安定性からはよい移動とは言えません。

前進後退する際の距離は、出るときには左の踵が構えたときの右足先の線まで、下がったときには、出たときの左踵の線に右足先が揃うくらいの歩幅が一応の目安になってくると思います。また、移動距離が少なすぎると、竹刀を振る動作が小さくなりますので注意を要します。

建物でも土台がしっかりすると、大きな建物ができるのと同じように、構えの基本は足ですので、素振りの際にも足さばきには充分注意する必要があります。

足と腕の連携がよくなると応じ技も円滑に遣えるようになる

足と腕との連動

地域によっては、足と腕の連動の仕方が若干違います。竹刀を振り上げた後、右足を踏み込みつつ振り下ろしに入るところと、右足を出しながら振り上げ、左足が引きつけが終わると同時に正面に当たるように素振りをする二つの方法があります。私は、後者のほうで実施しています。

三挙動の素振りは、初心のときだけでなく、高段者も実施するとよいと思います。三挙動から二挙動に、その後に前進後退正面打ちに移行すると動きがスムーズにいくと思います。

三挙動の要領は、中段の構えから、

一、足は動かさず、竹刀を振り上げます。竹刀の方向、握り、刃筋等の確認をします。

二、右足から踏み込んで、左足の引きつけが終わると同時に正面を打ちます。手首の使い方、手の内の要領、腕の高さ、拳の高さ、刃筋等を確認します。

三、左足から中段に復します。

二挙動の要領は、中段の構えから、

一、右足を出しながら振り上げ、左足の引きつけが終わると同時に正面を打ちます。最大限に振り上げたときに、右足が出終わった時となり、振り下ろしに移行した時に左足が前に動き出します。

面すり上げ面

二挙動の素振りの要領で面をすり上げて面を打つ

面返し胴

二挙動の素振りの要領で面を返して胴を打つ

二、左足から中段に復します。

二挙動の中段になるのを省略しての正面打ちが、前進後退正面打ちとなります。二挙動の要領は、切り返しの際の移動時にも使います

私は、この二挙動の要領で、面返し胴・面すり上げ面を打ち、剣道形のときも使いますが、思った以上に動きが円滑になります。足と腕との連携がうまくいかないと、気剣体が一致せず、相手から打突されることにもなりかねません。

打った後の手の内の解禁要領を覚えるため、私は一人稽古の時に次のような素振りをする場合も時々あります。

面に当たった瞬間右手の内と右腕の力を抜くと同時に左手親指が相手の左目に向くように若干入れ込みます。そうすると剣先が二十センチほど自然に上がります。団体で素振りをするときには、あまり奨励はしませんが、一人稽古のときには、私からだまされたと思って、時々やってみてはいかがでしょうか。

その他、左右面の素振り・小手・胴・突きの素振りなど、前記したことをもとに色々研究して下さい。間違った素振りを沢山するより、正しい素振りを数回行なったほうが効果的だと思います。面を着ける機会が少ない方でも、素振りの時間が取れない方はまずいないと思います。素振りの回数でいくのか、素振りの時間でいくのかも、あなた次第です。

末野栄二の剣道秘訣

切り返し

太刀筋を意識。速く・強く・軽快をめざす

昔の切り返しは、掛り手が左右のどちらから打ちを出してくるのかわからず、元立ちが防御を失敗して怪我をした事例が紹介された文献があります。また、正面を打たずに左右面からはじめ、最後に正面を打っていたのも紹介されています。

ここでは、現在行なわれている一般的な「切り返し」について説明することにします。

切り返しの目的は、各種文献に紹介されていますがおおむね左記です。

・刀法における太刀筋を習得する。
・心肺機能及び筋力を鍛える。
・正しい姿勢を習得する。
・正しい間合を習得する。
・気剣体一致の打ちを習得する。

切り返しは、剣道の基本的な動作を習得する手軽な稽古法であり、また、上達の早道になる稽古法です。

正しい切り返しを行なうことで、前記の項目の以下の効果も生まれます。

・正しい目付
・旺盛な気力

・正しい竹刀の握り
・手の内の冴え
・両腕力の平均化
・敏捷な足さばき

準備運動や整理運動との考え方もありますが、むしろ剣道の基本が切り返しにふくまれていると考えたほうがよいと思っています。したがって、準備運動や整理運動だけと考えて、刀法における大切な、太刀筋を考慮しない切り返しを行なっていると、逆効果になってしまいますので注意する必要があります。

元立ちも左記の項目が習得できます。

・相手の観察能力
・手の内の作用
・手首（留め手）の遣い方
・間合や目付

切り返しは、剣道の基礎稽古として、初心者のみでなく、高段者も常に行う必要がありますが、初心者はゆっくり・大きく・正しく、熟練するにしたがい、大きく・正しくは変わらないものの、速く・強く・軽快に行なう必要があります。

方法

肩関節を意識すると効果の高い切り返しになる

簡単に「切り返し」と呼ばれていますが、正式には「打ち込み・切り返し」と呼んだ方が判りやすいと思います。

もっと詳しく、「正面への打ち込み・左右斜面への切り返し」と呼んだほうがよいのかもしれませんが、説明ではありませんので、簡単に「切り返し」と呼んでいると思ってください。よって私は「打ち込み」と「切り返し」の複合の稽古と、考えています。

「切り返し」ができる前提は、まず正面打ちができることはもちろんですが、素振りの段階で左右面打ちをしっかり習得する必要があります。竹刀の振り上げ方については、第二回稽古編「素振り」に詳解していますので参考にしてください。

左右面の単一動作は以下です。

・中段の構えから、正中線に振り上げます。
・相手の左（右）斜面（角度は約四十五度）を物打で打ちます。
・打った位置から、中段に復します。

・左右面を連続して打つ場合は、中段の構えから、正中線に振り上げます。
・相手の左斜面（角度は約四十五度）を物打で打ちます。
・左斜面を打ち下ろした方に返して竹刀を振り上げます。
・最高に振り上げたときが正中線になります。
・相手の右斜面（角度は約四十五度）を物打で打ちます。
・右斜面を打ち下ろした方に返して竹刀を振り上げます。

全剣連の「剣道指導要領」では、「連続左右面打ちの角度が約四十五度になるようにさせる」となっています。古書には、左右面は「矢筈に打つ」となっていますが、解釈は全剣連の要領と同じです。「矢筈」とは、弓道で使う矢の頭の部分のことで、打ち込んでいったほうに返して振り上げ、左右の角度を同じにすると解釈したほうがよいと思います。

切り返しは「肩で打て」と言われているように、肩関節を充分に使って、振り上げ・振り下ろしを行なわなければ、効果は生まれてきません。

切り返しの方法は、前記目的や効果を狙って行なうために左記のようなさまざまな方法が行なわれています。

・前進のみ
・右開・左開
・正面打ちの後に体当たりを入れる
・広い道場では縦方向に本数を多くする
・一回の動作を一息で

肩関節を使って竹刀を振る

切り返しは「肩で打て」と言われているように、肩関節を充分に使って振り上げ、振り下ろしを行なわないと効果は生まれない。左右面は打ち込んでいったほうに返して振り上げ、左右の角度を同じにする

本数と回数

気を抜かず全力でできる本数を知っておく

昭和五十二年三月、全剣連から『幼少年剣道指導要領』が出され、切り返しの要領が示されました。

「正面を打ち前進しながら左右面四本、後退しながら五本、後退しながら間合を取り中段の構えから正面を打つ（これを一回とする）」

現在では、この九本切り返しが主流になっていますが、以前は体力に応じて、奇数本数、つまり左面からはじめ、左面で終わっていました。初心者や高齢者は五本から七本のときもあり、元気な若者は十一本から十三本と続く場合もありました。この平均値をとった回数で九本となったものと思われます。

回数も二回（往復）が主流ですが、以前は技量に応じて回数が示されました。

すなわち、正面打ち、数本の左右面打ち、正面打ちを一回として、数回行う方法です。

なお、二回以上行なう場合は、前回の最後の正面打ちを、次回の最初の正面打ちとして行ないます。

左右面打ちの本数や歩幅および切り返しの回数は、原則的には元立ちが決めるべきでしょうが、そのためには、元立ちが掛り手の技量や体力等を見極める能力が必要となってきます。

わたしが教えている小学校低学年生が、竹刀を振る力が備わっていなかったので、正面打ちを入れて、左右面打ち五本を三回（往復）させたところ、みるみるうちに筋力がつき、竹刀操作が違ってきました。一ヶ月後は左右面の九本は難なくこなすようになりました。竹刀操作がうまくいかない初心者は、左右面九本はなかなかだるみしてしまうようです。体力が落ちてくる高齢者も、気を抜かず全力でできる本数のほうが、効果が上がるかもしれません。

昔の本には、「切り返しは『気息』の続く限り」と書かれていました。気息を現代風に言い換えれば、「呼吸が乱れて息が続かなくなる（一息の意味ではない）」「気力が続かなくなる」「筋力（特に腕）が続かなくなる」ではないかと思います。この一つが欠けてきたら、左面を打ったあと、息を吸って酸素を採り入れて正面打ちを行ない、さらに切り返しに移行します。

心肺機能を鍛えるのであれば、息の上がりを早くし、かつ、息が長続きする切り返しが必要でしょう。剣道は、瞬発力も必要ですが、スタミナも必要です。相手と対した場合は、有酸素運動になることもありますが、無酸素運動になることもあります。百メートル走は呼吸をしないと思っている人もいると思いますが、ちゃんと呼吸をしているのです。

わたしたちの若い頃は、稽古終了直後は「水分は摂るな」と厳

全力でできる本数を知る

切り返しは、呼吸が乱れて息が続かなくなるところまで行なうことも必要。とくに心肺機能と筋力の双方を鍛えるのであれば、本数と回数の調和をはかる必要がある

しく言われたものでしたが、現在は水分を摂れに変化しています。しかし、摂りすぎは禁物です。無酸素運動は、酸素を取り入れない（呼吸をしない）で運動をするという意味ではなく、あくまでも運動の強度が高いために酸素を使うことができず、結果として酸素を必要としないでできる運動のことであります。酸素を上手に摂り入れないと、身体機能は失速してしまいます。

スポーツ医学は年々発達しています。科学的ばかりではいけないと思いますが、無視することもないでしょう。

竹刀操作のための筋力を鍛えるのであれば、竹刀を振る本数を増やす必要があります。左右面打ちを多くして、一回から二回でするのか、左右面打ちの本数を少なくして回数を増やすのか、あたりが着眼点になると思います。

心肺機能と筋力の双方を鍛えるのであれば、本数と回数の調和をはかる必要があります。

わたしが教えていただき、現在も行なっている切り返しの要領および注意する点を時系列に列挙すると次のとおりです。

一、発声

最後の左面打ちまで繋がるよう気力を振り絞って腹の底から大きく激しく。

二、呼吸

送り足で一歩入りながら、短く小さく吸う。

三、正面打ち

精一杯踏み込んだとき、体勢が崩れないで物打が面部に届く間合で打つ。

左拳の下から相手が見える程度に振り上げる。

「メン」の発声では息を全部吐き出す。

打ったあと体当たりはせず、二歩から三歩の余勢で姿勢を整える。

踏み込んだときの左足の引きつけにとくに留意する。

四、呼吸

短く大きく吸う。

五、左右面打ち

肩関節を使いできるだけ大きく振る。

最初の振り上げは正中線に。

面金の三本目から四本目に竹刀の物打が当たるようにして顔の中心に向かって打つ。

床から足が離れないよう「すり足」「送り足」で行なう。

打ちの間隔を最後まで変えない。

呼吸が苦しくなったら左面を打ち、動作をやや緩慢にしながら竹刀を頭上に振り上げながら正中線に持っていったあと中段に復す。

六、呼吸

送り足で一歩入りながら、短く小さく吸う。

七、正面打ち

切り返しの呼吸法は、さまざまな方法がありますが、この方法で行なうと、往復の回数が増えても要領は同じです。

また、一回での左右面数を多くするためには、息継ぎも大事になってきます。腕や足の動作や打ちの間隔に変化がないよう、短時間にできるだけ多くの酸素を取り込む技術を覚えることも、大切かもしれません。稽古等で相手と激しく打ち合う場合、呼吸が長続きすることも大切ですが、呼吸をしなければならないとき、いかに短い時間に吸う（虚）ことも大切かと思います。

なお、よく見かける動作として、正面を打ったあと、右肩の方に振り上げる人、あるいは左右面を打ったあとに、反対のほう（いまから打とうとするほう）に竹刀を振り上げる人がいますが、刃筋が正しくありませんので注意する必要があります。

また、広い道場で縦方向に本数を多くする場合は、早く終わらせたいがため、掛り手が歩み足になる人が多いので、注意をする必要があります。

左拳と正中線

顔幅から左拳を外さないこと

各文献には、左拳は正中線となっていますが、現実的にはわずかに正中線から外れています。切り終わりが正中線で、途中で竹刀で防御されるのでわずかに外れることになります。

以前、警察学校で初心者に「左手は正中線から外すな」と当然のごとく指導していました。

警察官の卵は、教官の言うことを素直に実行します。ところが、ぎこちない動作をしている人をよく観察すると、左拳が正中線を上下している人でした。

打突するときの両手は、テコの原理で成り立っていますので、最大に振り上げたときが正中線で、打ったとき・打ったあとの振

左拳と正中線

打突するときの両手は、テコの原理で成り立っているので、最大に振り上げたときが正中線で、打ったとき・打ったあとの振り上げ時は正中線からわずかに外れるが、顔幅より外さないこと

り上げ時は正中線からわずかに外れます。かといって、極端に外れてよいものではなく、顔幅よりは外れないと思ったほうがよいでしょう。

前記したように、正面打ちは左拳の下から相手が見える程度に振り上げ、左右面は肩関節の可動範囲を大きくするために、できるだけ大きく振り上げ、正確に左右面を打つところまで振り下ろすことが大切です。

切り返しの受け方

左右面に近いところで受けると掛り手の肘が伸び、物打に力が入る

切り返しを受けるほうに気勢がないと、掛り手も上手にできません。師の位にある元立ちも、掛り手と同じような気勢をもって切り返しを受ける必要があります。

正面の受け方は、掛り手は近い間合に入ろうとしますので、技量に応じた間合を取ります。そのためには、相手が一足一刀の間合に入る時、左足から下がりながら間合を確保し、物打で正面をとらえることのできる間合を確保する必要があります。

左右面の受け方は、竹刀をほぼ垂直に立てて相手の竹刀を受けます。受ける要領は、引き込む方法と打ち落とす方法とがありますが、できるだけ左右面に近いところ、あるいは竹刀で受けたときに、左右面にわずかに触れる程度に受けると、掛り手の肘が伸び、物打に力が入るようになります。打ち落とす場合には、腕で打ち落とすのではなく、手の内の作用で打ち落とすべきと考えます。腕で打ち落とすと、前記したように掛り手の肘が伸びず、効果が期待できません。

リズムよく受けてやると、掛り手も上手にできます。掛り手の技術が上がるよう、切り返しをさせているのですから、元立ちの受け方は重要です。

掛り手が左右面を物打で打てるよう、技量に応じて、前後の足さばきの距離を考慮する必要もあります。切り返しの間合は元立ちが主体となりますが、掛り手がどのくらいの足さばきをすると、物打で左右面をとらえることができるのかも、切り返しの大きな目的のひとつです。最後の左面の手前で、元立ちの足が止まることが多いですので、左面を打たした後、あと一歩前に出るような感じで受けるとよいでしょう。

物打が打突部に正確に当たるよう、掛り手が足さばきを考慮す

竹刀をほぼ垂直に立てて受ける

受ける要領は、引き込む方法と打ち落とす方法があるが、できるだけ左右面に近いところ、あるいは竹刀で受けたとき、左右面にわずかに触れる程度で受けると、掛り手の肘が伸び、物打に力が入るようになる

る必要がありますが、元立ちも阿吽の呼吸で対応すると、掛り手がより引き立った切り返しができます。

切り返しの目的である、気勢・間合・目付・刃筋・足さばき・手の内の作用などを考慮して受ける必要があります。

左右面を正確に打っているかを確認するため、左右左右と受けるべきところを左右右右など、あえて同じ防御を三回続けることもあります。こうすることで面布団を実際に打たせることになり、正確に打てているかいないかがわかります。このタイミングは元立ちが任意で行なうために掛かり手にはわかりません。

末野栄二の剣道秘訣

打ち込み稽古

正しい姿勢と遠い間合で打突力と技のキレをつける

稽古の在り方としては、最初に足さばきや素振りなどの「基本稽古」、それをある程度習得したら「打ち込み稽古および切り返し」に進行していきます。その後、「掛かり稽古」「相互（地）稽古」「試合稽古」と順を追って修行していくことが大切であり、この過程をとおることが上達の早道でもあります。「基本稽古」から「掛かり稽古」までが、基礎稽古といわれている、重要な稽古の方法であります。

持田盛二先生語録にも「剣道は五十歳までは基礎を一所懸命勉強して、自分のものにしなくてはならない。普通基礎というと、初心者のうちに修得してしまったと思っているが、これは大変な間違いであって、そのため基礎を頭の中にしまい込んだままの人が非常に多い（以下省略）」とあります。

持田先生まではいきませんが、わたしもそれに似た体験をしてきました。とくに若いときの基礎稽古は、将来に活きてきます。打ち込み稽古は、元立ちが与える打突の隙を正しい姿勢で、できるだけ遠い間合から、大技や小技で一本打ちの技、連続技、体当たりや引き技などを元立ちの動きに応じながら正確に打ち込むことにより、打突の基本的な技術を体得する稽古法であります。
「打ち込み稽古」は、次のような効果があります。

・姿勢が端正になる。
・身体が強健になる。
・手足の力を増し、動作が素早くなる。
・打突が強くなり、手の内が冴える。
・技術の向上が早くなる。
・呼吸が長くなる。
・打ち間が明らかになる。
・驚懼疑惑を去り、心気力が一致する。
・思い切りの良い打突ができ、気を養い、胆力が練られる。

効果的な方法

体当たりで斜めの動作を加えると身体が切れる

打ち込み稽古は、前記効果を上げるためにさまざまな方法が採られています。

一番簡単な方法としては、あらかじめ部位を指定します。例えば、「大きく面」「小手・面の連続技」等が一般的に行なわれています。本来ならば、隙を与えた処を打突しなければなりませんが、掛り手および元立ち共に打突部位をあらかじめ決める方法です。

単一的な動作は、飽きがちですが、基本を習得する上においては、確実な打突技術を習得するという重要な意味合いを持っています。連続に打突する際においても、必ず一本打ちの積み重ねだからです。進度に応じてさまざまな、打突部位を指定してもよいでしょう。道場を長く縦に使ったいわゆる追い込み技も一つの方法です。わたしが若い頃稽古に行った大阪府警では、小手・面・胴・面・面の追い込みの打ち込み稽古で鍛えられました。運動神経の鈍いわたしは、小手・面・胴まで打つのがやっとでしたが、稽古を重ねるうちになんとかできるようになりましたが、次のような点を学びました。

・気勢を充実すること。
・姿勢を正しくすること。
・正しく打つこと。
・左足の引きつけを正しく早くすること。
・手の内および腕の緊張と解禁を素早く行なうこと。
・手首を柔軟にすること。

わたしは、昔と比較すると当然スピードは落ちていますが、いまでも面だけの打ち込みの他、手首の返しを正しく早く行なうことを主眼として、小手・面・胴・面・胴・面と、打つ部位を増やして打ち込み稽古を実施しています。

打ち込みは、少し遠いのではないかと思うような間合から、元立ちが作ってくれる隙を、眼で見て、それに合致する技を仕掛けていきます。大技で実施したり、練度に応じて小技で実施します。

ときとして体当たりを取り入れ、引き技を打たせられることもあるでしょう。ようするに、元立ちが作り出す「隙」を正しく打突することにより、技術の習得と向上を目指します。体の動きのキレを出すためには、直線のみではなく、体当たりなどでの接触後、斜めに引き技を出させると効果的です。また、心肺機能を高めて、呼吸を長続きさせるためには、間合を切らないで、一息で打突を行なう方法も効果的です。技術が進むにしたがい、元立ちが無差別に作る隙を素早く打突することが「打ち込み稽古」の仕上げとなってきます。

その他、打ち込み台や打ち込み棒を使っての稽古法もあります。剣道着に着替える時間がない場合でも、一人稽古として空間を打突する方法も素振りと同じく効果的です。

打ち込みは、元立ちが隙を与えてくれますので、攻め込む（一歩出る）際に、竹刀を表から押さえ過ぎる人が沢山います。剣先が中心からはずれて竹刀が回りながら面を打ち込んでしまいます。元立ちが正中線から剣先を外してくれるのですから、真ん中に構えて、竹刀を真っ直ぐ振り上げ、真っ直ぐ振り下ろすだけでよいのです。

その他、打ち込む際に注意する点を次に掲げます。

構え

・左拳が体から離れ過ぎない。
・剣先が高くならない。

体のキレをつくる

直線のみの打ち込みではなく、体当たりなどでの接触後、斜めに引き技を出させる

足さばき

・踏み込み足を除いて、すり足で行なう。

・歩み足にならない。とくに踏み込み足のときに後ろ足が前足より出ないようにする。

姿勢

・背筋を伸ばす。

・自分の正中線を相手の正中線に向ける。

手の内

・緊張と解禁を素早く行なう。

呼吸

・息継ぎを早く大きく行なう。

・吸い込みが大きすぎて二拍子にならないようにする。

間合

・できるだけ遠くかつ姿勢が崩れない間合で、大きく踏み込むように意識する。

竹刀操作

・素振りの軌道を必ず同じにする。

・刃筋に気をつける。

元立ちの心構え

打突後、まっすぐ下がると正面を打たせることができる

切り返しや打ち込み稽古ではとくに、元立ちの良し悪しで掛り手の上達度合いが決まってきます。元立ちは、掛り手から打たれるのではありません。掛り手に打たせるのであり、師匠の位になければなりませんので、剣道形でいう打太刀の役目を担っています。

構えは、掛り手より早くすることが大切です。間合を測る必要がありますし、隙をどの時点で作り出すのかも元立ちの技量にかかっています。間合は、掛り手が考慮する必要がありますが、掛り手の最高の技術を各場面で引き出せるよう、元立ちも考慮しなければなりません。

間合が遠いと、掛り手が歩み足になって打突してきます。また近ければ、勢いがなくなってきます。掛り手が精一杯踏み込んで、体勢が崩れず、物打で打突部位をとらえることのできる間合を取ることが大切です。そのためには、元立ちが常に動く必要があります。

隙の与え方は、相手が入る瞬間に部位を空けます。早すぎると、

隙をとらえてから打突するまでに時間がかかってしまいます。遅いとどこを打とうかと、掛り手が迷ってしまいます。掛かるのに一定のリズムが必要な場合もありますし、リズムを崩してやる必要もあります。

元立ちが、機敏にパッと隙を作ってやると、掛り手にも活性化がでてきます。

面を打たせたあと真っ直ぐ下がると、正しく正面を打たせることができる

また、なにより正中線をとらえさせて打たせることが大切です。よく見かけるのが、右にさばきながら、面を打たせる元立ちの動きです。間合の取り方とも関連性がありますが、面を打たせてから一歩から二歩真っ直ぐ下がってやると、正しく正面を打たせることができるため効果的であり、打った後の余勢も真っ直ぐに進むことができます。

掛り手は、勢いがついてしまうために、打ちが深めに当たってしまう傾向にあります。わたしは、二十歳代後半から、元立ちをしたとき、相手に一番良いところ（物打）で打たせようと、間合を測る稽古をしました。結果として、前頭部が薄くなってしまいましたが、見切りについての勉強になりました。

真剣に元立ちを努めることにより、掛り手と同じような効果もあがります。気持ちが掛り手と一体となることにより、掛り手のみでなく元立ちも伸びていきます。

打ち込みの時間は、掛かりの目的や掛り手の技量を考慮して決める必要があります。

打ち込むスピードが落ちてくるのが、二十五秒程度ですので、その後もう一太刀と考え、三十秒程度をひとつの目安とすればよいでしょう。

心肺能力を高めるためには、時間を長くすればよいでしょうが、あまり長くやり過ぎて、ダラダラした打突にならないよう注意する必要があります。フラフラになって身体の力が抜けたときが、素晴らしい打突になる場合もありますが、若いときから鍛えた人と、中年からはじめた人とでは、内容も変わってくると思います。

最初はゆっくりした動作から、最後の二本から三本を早く打ち込む方法もあります。剣道の修錬は、数多くすることが大切です。

修錬の過程では、正しい動作も身につきますが、正しくない動作はなお速く、身についてしまいますので、元立ちの責任は重要です。

間合

前のめりにならない体勢で打てる間合を覚える

一足一刀の間合から、打突する方法もありますが、下腿部に負担が掛かりすぎてしまいますので、わたしは、一足入ってから打突する方法を奨励しています。

稽古の際の間合より若干遠い間合から、一足長入って打ちを出します。掛り手は、最大限に踏み込んだときに姿勢を崩すことなく、物打で打突部を打てる間合を取ります。ただし、前記しまし

打ち込み稽古の間合

打ち込み稽古では、遠い間合から一足長入って打ちを出す。姿勢を崩すことなく物打で打突部を打てる間合を取ること

たが、どうしても入り過ぎてしまいますので、元立ちは入るときおよび打ちを出す瞬間にわずかに後ろに体をさばきながら、間合をとります。踏み込み足が出てから打突するまでの間に後ろに引くと、掛り手の体勢が前のめりになりますので、技量に応じた体さばきが必要です。

元立ちは、一歩入って打突する動作を原則くり返させるように、間合を取ります。掛り手が、振り返った時には、元立ちが先に構えて、間合を取りやすくすると同時に、間合を習得させます。振り返った時に一足一刀の間合を取ると、体勢が整う前に踏み込むためアキレス腱断裂等の負傷につながりますので、剣先同士が離れるようする必要があります。

掛り手は、打突したら直進しますが、振り返った瞬間に前に出ようとすると、後ろ足（通常左足）に負担がかかってしまいますので、余勢後、右足を軸に回れ左をすると同時に、左足に右足を引きつけて体勢を整えるとともに、中段の構えに復しながら、一歩入って打突するという動作をくり返します。

間合については、踏み込み時の足幅を大きくすることを主眼に、考えるとよいと思います。

呼吸
どの時点でどのように吸うかが問題

剣道では、吐く息は「実」、吸う息は「虚」と言われていますが、虚の状態をできるだけ作らない呼吸法が大切です。かと言って吸わない訳にはいきません。呼吸法は剣道の技術でも大きなウエイトを占めます。呼吸が浅いと、肺のなかに残存した空気が体外に排出されずに残ったままになります。そうなると、血液中の酸素の交換や脳神経にも新鮮な酸素が行き届かず、心身の活動に悪影響を及ぼしてしまいます。腹式呼吸による「深い呼吸」を心がけることで、新鮮な酸素が体内に循環することになりますし、頭脳自体も明断になります。酸素を上手く採り入れることにより、技の出し方や審査や試合運びでの組み立て方にも、呼吸法は重要です。

問題は、どの時点でどのように吸うかでしょう。

わたしが行なっている正面打ちの際の呼吸法は、次のとおりです。

発声

・気力を振り絞って腹の底から大きく激しく、少し呼吸を残す

打ち込み稽古と呼吸

呼吸
・送り足で一歩入りながら、短く大きく吸う

正面打ち
・「メン」の発声で、振り向いて元立ちに向かって送り足で一歩

正面打ちの呼吸法を覚えると、その他の打ち込み稽古にも応用できる。呼吸は、身体の動きと連動しているので、打突後すぐに吸気に移ったり、呼吸を止めると、体の勢いもなくなるので注意が必要

入るまで発声を伸ばす（息を吐ききる）

呼吸

・竹刀を振り上げる初動の一瞬の間に短く大きく吸う

これら一連の動作をくり返しますが、四本から五本程度打ち込むと、振り向くときには呼吸が続かなくなりますので、最初の発声に返ります。ただし、足の動きはそのままです。呼吸は、身体の動きと連動していますので、打突後すぐに吸気に移ったり、呼吸を止めると、体の勢いもなくなりますので注意する必要があります。

正面打ちの呼吸法を覚えると、その他の打ち込み稽古にも応用ができます。連続技の打ち込みは、呼吸が苦しくなるまで息は吸わないほうがよいです。また、打突部位の発声を早めることにより、技自体が早くなるという利点もあります。

最初は苦しいかもしれませんが、継続することにより「掛かり稽古」や「相互稽古」、最終的には「有効打突」にきっと活きてくると思います。

稽古の心得

剣道の上達は螺旋状。習って工夫し、錬磨すること

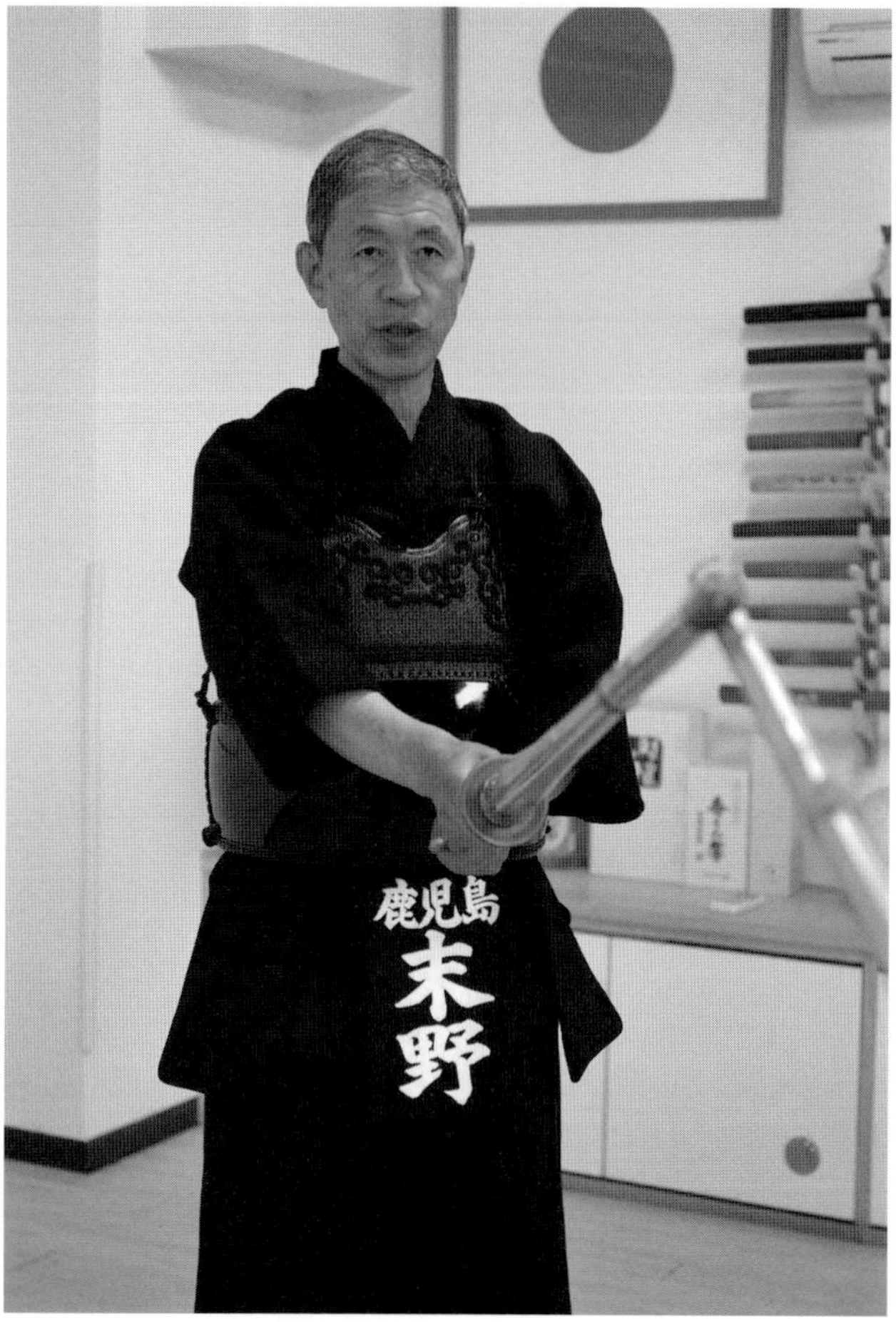

この章で最終稿となりました。若い頃から古書を購入し、だいぶ読んできましたが、執筆するにあたり読み返しました。その中でも『五輪書』、高野佐三郎著『剣道』、中山博道著『剣道手引草』、三橋秀三著『剣道』、一橋剣友会発行・山田次朗吉著『剣道集義』『剣道極意義解』は特に参考とさせていただきました。そして、若い時には心に留めなかったことを感じたり、その逆も多々あり、文字の持つ意味や怖さ、ありがたさを認識させられました。

また、地元でご指導頂いている児嶋克範士の教えは、私自身が実践していることもあり、随所に使わせていただきました。

剣道は伝統文化であるといわれますが、伝統文化は、正しく伝承し、正しく継承することではないかと思っています。今回の執筆にあたり、伝承と継承の難しさも身に沁みて感じました。いわゆる伝言ゲームの状態では、と感じる点も散見されます。

伝言ゲームとは、あるグループの一人だけに言葉を伝え、その言葉を順番に次の人に伝えていき、最後の人が伝えられた言葉を発表するという遊びです。また、不確実な情報伝達（噂や風評など）によって、より情報の信憑性が低下する状態である、比喩の形容詞とし

ても用いられることもあります。

ある書物に、「情報伝達の比喩表現の場合では、事実かどうか不確かな事柄が、それを信じた者によって他者に伝えられる際に、内容を補強するような情報が付与され、更に『さも信憑性がありそうな内容』に改変されるなどして、それを伝え聞いた側が事実を誤認しやすくなるなどの現象が発生し、時間経過や代を経るごとに加速度的に内容を信じる者が増える」とあります。

剣道の原点は「切る」という動作ですが、現在では「切る」動作、特に「人を切る」ことはあり得ませんので、そのあたりに伝承する難しさがあるような気がしてなりません。

伝言ゲームを例にすれば、私が初心の頃に習った打突時の手の内は、雑巾絞りでした。前記した古書には、雑巾絞りはおろかタオル絞りも出てきません。伝承されていく段階で、茶巾（手拭い）絞り→タオル絞り→雑巾絞り、と変化していったものと思われます。同じく面を打った場合に、竹刀は自然と上がりますが、上げてはいけない、と勘違いしている点も見受けられます。「上がる」と「上げる」は違いますので、伝承が正しくなされていないと思います。

執筆する上で、この三点だけは常時掲載していただこうと考えたのが、私が考える三つの上達の心得です。連載が始まった直後、柳生新陰流の「三磨之位」と同じことに気づきました。

「習う」＝良い師について正しく習うということ。
「工夫」＝師から習ったことを更に発展するべく工夫すること。
「練る」＝習ったことを工夫しながら鍛錬すること。

この三点は円の上に位置して、どの方向にも循環しながら、自分を磨いて精進していきなさいとの教えと理解しています。剣道の上達は、螺旋状（スパイラル）です。スランプに陥った時に、力が低下しているような気がしますが、必ず進化しています。習ったことを工夫し、練ってまた工夫し教えを請う、それをまた練る。といった状況が続いていくのが剣道の修行です。正しい教えを受け、正しい稽古の回数を増やしながら工夫していくと必ず上達していきます。

この章は、三つの心得のとらえ方を紹介し、まとめとします。

稽古の回数を増やす

たった十五分でも稽古をすれば得るものがある

現代は、剣道を職業としている人は稀ですので、仕事の合間に時間を見つけて稽古に励んでおられる方がほとんどと思います。剣道は頭脳も遣いますが、何と言っても体得するほかありません。昔から「面数を増やす」、つまり、稽古量（回数）を増やすことや「百錬自得」の言葉がありますが、剣道は稽古でしか強く（上達）ならないのが実感です。

心や精神面の上達は、剣道だけではなく日常生活でもある程度得ることができますが、剣道で対する相手は十人十色で、剣風も様々です。その中で、即座に判断し、正しい結論を出していかなければなりません。

一本一本の稽古の積み重ねが、山となります。稽古日に終業時刻が迫ってくると、時計とにらめっこ状態になると思います。行っても稽古時間があと十五分しかないから、今日の稽古はよそうと思うのか、まだ十五分あるから一本だけでも稽古をやろうと思うのかで、稽古量は変わってきます。一回の稽古時間は、一時間程度がほとんどかと思いますので、十五分の稽古を四日すれば、計算上は一日の稽古量と同じになります。一日二十四時間は、皆に平等に与えられています。その時間をどのように使うのか、自分の目標は何なのかなどを考えると、結論は自ずから出てくると思います。

私は若い頃、警察の剣道特練員を命じられ、稽古ができる環境にいましたが、稽古量を増やすためには、自由時間を稽古に当てたり、健康を害さない程度で睡眠時間を削ってきました。

運動神経の悪い私は、同僚を追い越すために稽古の回数を増やし、十数年間にわたり週に一日は、朝一時間・午前二時間・午後二時間・夕一時間半の計六時間半稽古して来ました。その時には感じなったことが、還暦前になってようやくわかってきました。

稽古は工夫をする

打たれたとき、欠点を教えてもらったと感謝できるか

稽古は目標を決めてやっていますか。今日の目標。近時の目標。将来の目標。少なくともこれだけの目標を立てて稽古に励むと、稽古の工夫も稽古量も増えると思います。今日は○○先生に掛かるも良し、仕かけ技で一本は取るなどの目標も良いと思います。

二十歳代の時の剣道日誌に、ある先生から「剣道に対する見方、考え方を変えないと剣道は強くはならない」とご指導を受けたことを記載してありました。正にそのとおりで、打たれることを極端に嫌がったり、相手の打突を認めなかったりすることは、必ず工夫が足りなくなります。

打突されたら、自分の欠点を相手が行動で教えてくれた、と感謝の気持ちを持つと剣道観も変わってくると思います。どのような剣道観を持つかで、剣道に対する考え方や、稽古の内容も当然変わってくると思います。

稽古の上達方法は、基本が出来たら打ち込み稽古に移行し、体の備えが出来たなら、打たれることを恐れずに掛かる稽古（掛り稽古）に移行することが大切です。

最近は、掛かり稽古をせずに、打った打たれたばかりに気が回っていませんか。将来を見越した稽古の工夫が大切です。打ち込み・切り返し・掛かりの稽古は、一生続く稽古法だと私は思っています。

技の習得は、基本・応用で覚え、互格稽古で通用するかを試していきます。上位に掛かる時や試合・審査では意識しないことが大切です。繰り返し繰り返し行なうことにより、自然と身についてきます。上位の方から、その技を誉められたなら、ほぼ習得できたと思って良いと思います。そこまで至ったならば、本番でもきっと通用するでしょう。

前項で稽古回数を増やすことを書きましたが、どのような稽古（工夫）をするかはもっと大切なことであると思います。稽古をするにあたっては、質と量は車の両輪です。

道場の中だけではなく、電車の中でのイメージトレーニングも、稽古量の足りない人には良い稽古の工夫でしょうし、早歩き、階段上り、そして呼吸法は何処でもできる稽古法でもあります。自分なりにちょっとした工夫が、他の人に差をつけることとなります。

若い時の叩っ切る剣道から、切る剣道へと変化し、そして現在では切れる剣道へと手の内を工夫しています。その結果、ここ二

年間でささくれはありますが、竹刀が割れたことは一回だけです。その一回は、悪い打ち込みを見せた時でした。稽古の内容、構え、手の内等々工夫するところは、私には山ほどあります。

常に教わる気持ち

教わったら即実行。実行しなければ教わったことにならない

持田盛二先生が晩年の稽古後に、「私の構えは如何でしたか」と質問された話は有名です。十段になられても、下位の人から教わる気持ち……。

教えてもらったことは実行することが大切

段や年齢に関わらず向上心のある人は、様々な処から情報を得ようとします。剣道家は、自分の剣道に自信を持ち過ぎている感があります。指導を受けてもなかなか直らない。直らないではなく、直さない人が多いのではと思ってしまいます。

私は、教えを受けたなら必ず実行してきました。自分に合うか合わないかは、実行してから決めることにしていました。止めてしまった教えももちろん沢山ありますが、自分流に直していった教えはそれ以上にあると思っています。

私の剣風を、「だれにも似ていないと」と言われた先生もいらっしゃいましたが、指導を受けた先生、稽古で教えを受けたお相手、見取り稽古で盗んだ技等々が自分の剣風となっています。低段者から学んだこともありま

すし、少年剣士から学んだこともあります。「我以外皆我師」を実践してきました。

剣道は頭の中だけでわかっても駄目で、それを実行出来ないと、習得したことにはなりません。素直な心を持つことで、教えて下さる先生や同僚も増えると思います。そして何よりも、正しい教えをしていただく先生に師事することです。

六段・七段に挑戦される剣士は、「守破離」でいけば「離」に近いところだと思います。そこでの方向づけは、その後の剣道に相当な影響を与えると思います。

なぜ稽古というのか 新しいことを見つけるのが稽古ではない

剣道は、稽古という言葉を遣いますが、稽古の意味にもありますように、いにしえ（古）をかんがえる（稽）ことにあり、新しいことを見つけることではありません。稽古の在り方は、昔からの教えの如く、基本・打ち込み・掛かりの基礎稽古が主体となって、応用の互格稽古・試合に移行していく方法が最善の上達方法です。基本・打ち込み・掛かりの稽古にどれだけの時間を費やしたかで、昇段審査で大切な気勢・基本打突・気位・錬り・体や技の切れ・間合・虚実のとらえ方等々が変わってきます。どうか、善いと思ったことは実践してください。

本書は、稽古に行きたくても仕事の関係で週に一～二回程度しか道場に足を運べない、しかし、六段・七段の昇段審査には挑戦したい剣友を想定し、自分の体験を基に書きましたが、勉強不足

第107回全日本演武大会。山中茂樹範士との立合

で、至らない点が多々あったことを、お許し願いたいと思います。拙文でしたが、多くの剣友の剣道修行の一助となれば幸いです。

終わりに、児嶋克範士の著書にある「剣道の本質」を紹介して、擱筆とさせていただきます。

「心正しく業が理にかなってこそ格調高い剣道を体得しうる。これは事理一致につながるものである。これを要するに刀法に於いては理にかなう正しさを、心法については平常心・不動心を求めつつ敬愛の気を深め、人の為につくす心情を養い、常に身をもって修錬する。即ち業を磨き心を錬ることによって人間形成に役立たせる。これが剣道の本質である」

[著者略歴]
末野栄二（すえの・えいじ）
昭和23年鹿児島県生まれ。鹿児島商業高校卒業後、鹿児島県警察に奉職。全日本選手権大会優勝、世界選手権大会団体優勝、全国警察選手権大会優勝、全日本剣道連盟設立五十周年記念八段選抜大会優勝など。鹿児島県警察本部教養課主席術科師範を最後に退職。剣道範士八段。

末野栄二《すえのえいじ》の剣道秘訣《けんどうひけつ》

2012年11月3日　初版第1刷発行

著　者　末野栄二
発行者　橋本雄一
組　版　株式会社石山組版所
撮　影　徳江正之
撮影協力　水島大策、土田真彦、浅野修蔵、京都妙覚寺道場、誠道塾
編　集　株式会社小林事務所
発行所　**株式会社　体育とスポーツ出版社**
〒101-0054　東京都千代田区神田錦町1-13 宝栄錦町ビル3F
ＴＥＬ　03-3291-0911（代表）
ＦＡＸ　03-3293-7750
http://www.taiiku-sports.co.jp/
印刷所　図書印刷株式会社

ISBN978-4-88458-248-7　C3075　Printed in Japan